We Don't Want Any Crap in Our Wine

We Don't Want
Any Crap
in Our Wine

와인에 쓸데없는 건 넣고 싶지 않아요

내추럴 와인을 만드는 여성들의 이야기

카밀라 예르데 지음
신혜원 옮김

n press

목차

시칠리아주 비토리아.

여성 내추럴 와인 생산자들을 조명하다

"꿈이 뭐야?"

2년 전 11월 어느 어두운 밤, 친구 엠마가 나에게 물었다.

"내추럴 와인에 관한 책을 쓰는 것?" 즉흥적으로 대답했다.

"주제가 너무 광범위한데, 구체적으로 어떤 책을 쓰고 싶은 거야?" 엠마가 파고들었다.

"내추럴 와인을 만드는 여성에 관한 책⋯" 말을 내뱉으면서도 이런 꿈을 갖고 있었는지 처음 깨달았다.

읽고 싶지만 아직 찾지 못한, 와인 만드는 여성들에 대한 책을 쓰는 것이 꿈이 되었다. 시중에 나와 있는 와인 책은 모두 남성이 주인공인데, 이는 전 세계 와인 생산자 중 약 14%만이 여성이기에 당연한 결과인지도 모른다. 돌이켜보니 내가 가장 좋아하는 와인은 여성 생산자들이 만든 것이었고, 내가 쓰고 싶은 책의 주제와 자연스럽게 맞아떨어졌다.

그렇다고 이 책을 쓰게 된 계기가 11월 밤, 친구 엠마와의 대화 때문은 아니다. 그보다 훨씬 전, 내추럴 와인을 처음 마신 날 시작됐다. 그 첫 모금에 말을 잇지 못했고, 얼굴에는 저절로 미소가 번졌다. 2008년 노르웨이 국영 와인 숍의 추천으로 마신 아리안나 오키핀티Arianna Occhipinti의 일 프라파토Il Frappato는 내 인생을 완전히 바꿔놓았다.

그 전까지만 해도 나는 대량생산한 컨벤셔널 와인만 마셨다. 정치학 박사 학위를 취득하는 과정에서 지치고 말아 결국 병가를 쓰게 되었는데, 쉬는 동안 와인에 빠져들었다. 평소에도 이론과 실천을 좋아했던 터라 WSET^Wine & Spirit Education Trust 자격증을 따기 위해 시작한 와인 공부가 그동안 잊고 있던 즐거움까지 되찾아줬다. 그러고는 토스카나의 한 와이너리를 찾아가 그해 수확하는 것을 돕기도 했다. 스웨덴으로 돌아와서는 국영 와인 숍 쉬스템볼라게트^Systembolaget에서 1년간 일하며 수많은 와인을 마셔봤는데도, 아리안나의 일 프라파토를 마셨을 때는 처음 경험하는 맛과 향이 온 신경을 자극했다. 일 프라파토는 다른 와인과는 확연히 다르고, 살아 있었다. 그리고 마시는 내내 맛의 변주가 있었다. 내가 마신 와인 중 최고라 느껴 단번에 내추럴 와인 세계에 뛰어들게 됐다.

엠마와 대화를 나눈 지 몇 개월이 지난 뒤 원래 하던 일을 그만두고 이 책을 기획하기 시작했다. 이 책에 소개한 생산자들처럼 내 열정을 따라가보기로 한 것이다. 내추럴 와인 시음회와 수입사의 소개로 좋아하게 된 와인을 추려낸 뒤 그 와인을 만든 생산자들을 만나기로 했다. 그들은 포도 재배부터 양조 과정까지 그 어떤 첨가물도 넣지 않고 최소한의 개입만으로 와인을 만든다. 또 포도를 유기농이나 바이오다이내믹 농법으로 재배해 살아 있는 땅의 생명체가 고스란히 와인에 표현되게끔 한다. 그들의 와인은 에너지가 넘치고 마시는 이에게 즐거움을 선사하는 특별한 힘이 있다.

많은 사람이 기후변화에 관심을 갖고 건강한 식생활을 실천하기 위해 유기농을 중요하게 여긴다. 그럼에도 식품과 음료는 여전히 대량생산한 상품의 소비 비중이 가장 높다. 거기에 와인은 의식 있는 소비 축에도 끼지 못한다. 미국에서 조사한 바에 의하면 전 세계 와인 판매량의 2%만이 내추럴 와인에 해당한다. 상업적인 와인에 반기를 들고 탄생한 '비주류' 와인이라는 인식에서 벗어나 2010년대에 이르러 인지도가 높아지긴 했지만, 아직까지도 소수만 알고 즐기는 와인이라는 현실이 안타깝다. 그런 이유에서 소위 '아웃사이더'라 불리는 내추럴 와인 생산자들을 만나 녹록지 않은 여건에도 내추럴 방식으로 와인을 만드는 이유와 그 원동력에 대해 묻고 싶어졌다.

포토그래퍼 세실리아 망누손^Cecilia Magnusson과 나는 내추럴 와인의 정신에 걸맞게 접이식 자전거를 하나씩 들고 기차에 올랐다. 그리고 오스트리아, 이탈리아, 프랑스에 가서 아홉 명의 멋진 여성 와인메이커를 만났다.

이 책은 내추럴 와인 생산자들의 원동력을 탐색한다. 여성 와인메이커들을 일반화하거나 단순한 인터뷰 글이 아닌, 내추럴 와인을 만드는 여성들에 대한 케이스 스터디로 여겨주길 바란다.

빈의 와인 숍 '바인슈칸달
(Weinskandal)'에서 구입한 내추럴
와인으로 가방을 가득 채웠다.

이 책을 쓰겠다는 꿈을 말로 내뱉은 지 거의 3년이 지났다. 그 꿈에 한 발짝 다가가기 위해 준비한 과정은 즐거우면서 힘겹고, 느리고, 길고, 또 외로운 여정이었다. 이렇게 완성된 책을 한 페이지 한 페이지 넘기면 전형적이지 않고 고집스럽지만 열정 하나로 힘겨운 일을 해내는 여성들에 대한 이야기, 내추럴 와인이 선사하는 무한한 가능성과 이를 가능하게 하는 여성들을 만날 수 있다.

몬탈치노에 위치한 폰테렌차 와이너리의
쌍둥이 자매 중 마르게리타 파도바니.

열정 가득한 와인 생산자

이 책에 소개한 아홉 명의 여성은 각자 자신의 삶에 대한 결정을 신중히 내렸다. 고되면서 많은 위험이 뒤따르고, 또 수익이 보장되지 않더라도 의미 있는 일을 하기로 했다.

내추럴 와인은 포도 재배에서부터 들여야 하는 공이 상당하다. 유기농이나 바이오다이내믹 농법으로 포도를 재배하기 때문인데, 대부분 손으로 직접 작업해야 해서 육체적으로 많이 힘들다. 양조 과정에서 그 어떤 것을 첨가하지도, 제거하지도 않기에 내추럴 와인의 결과는 오로지 자연의 순리에 의존할 수밖에 없다. 컨벤셔널 와인처럼 산도를 높이기 위해 산성화 작용제를 사용하지 않아 아직 그 진가를 발휘하지 못한 내추럴 와인은 그저 자연스레 완성되기를 기다릴 수밖에 없다.

거기에 일반 와인 생산자들보다 낮은 수익을 감수해야 하는데, 이는 하나하나 손으로 직접 작업해 시간이 많이 걸리는 데다 기본적으로 생산량이 현저히 적기 때문이다.

이 여성들은 오로지 열정을 원동력 삼아 와인을 만든다. 포도가 자라는 땅의 기운을 와인에 그대로 전하려 노력하며 무한의 에너지와 헌신을 쏟아 붓는다. 그 결과 이들이 만드는 와인에는 열정과 에너지가 그대로 녹아 있다. 이들 대부분 대도시에서 고액 연봉을 받는 직업을 뒤로하고 비록 규모는 작지만 내추럴 와인을 만들겠다는 꿈을 좇고 있다.

이들에게 열정은 다양한 의미로 작용한다. 쥐라의 카트린 아눙에게 열정은 곧 와인으로 실험할 수 있는 기회다. 시칠리아의 아리안나 오키핀티는 자연과 미래 세대를 위해 내추럴 와인에 열정을 쏟으며 산다. 그녀는 먼 훗날 시칠리아 사람들이 자신에 대해 이야기할 때 시대를 앞서가고 미래를 위해 좋은 일을 한 사람으로 기억되길 바란다. 그리고 쥐라의 알리스 부보에게 열정이란 정직한 일을 하는 것, 남들 기준을 따르지 않고 자신의 선택과 직감을 믿는 것이다. 이것이 바로 존재의 이유란다.

남성 중심의 와인업계에서 여성으로 산다는 것

와인 산업은 여전히 남성 중심으로 돌아간다. 특히 와이너리 소유와 양조 책임은 남성이 도맡는다. 여성이 와인 생산자, 소믈리에, 교육자가 되고 마케팅을 담당하는 비중은 매해 늘어나고 있지만, 캘리포니아에서 진행한 한 연구에 따르면 전 세계 와인 생산자 중 여성의 비중은 15% 미만에 그친다. 거기에 와이너리 소유권이 여성 명의로 된 경우는 그보다 훨씬 적다.

전형을 깨는 내추럴 와인 생산자 중에서 주목받는 이들은 대부분 남성이다. 시중에 나와 있는 책에 의하면, 전설적인 내추럴 와인 생산자도 모두 남성이다. 더욱 놀라운 건 부부가 함께 와인을 만들더라도 내추럴 와인업계에서는 부부 중 남성만이 와이너리를 대표하는 사람으로 인식된다. 여성은 대중의 눈에 드러나지 않고 한 발짝 뒤로 물러나 있는 경우가 많다.

내추럴 와인은 대대로 내려온 와인메이커 가족력이 없더라도 훌륭한 와인을 만들 수 있음을 증명해 왔다. 그들 중에는 여성 내추럴 와인메이커가 많다. 통상적으로 와인메이커가 된다는 것은 부모가 자식에게 물려주는 가업이기에 정해진 길을 순순히 가기만 하면 됐다. 그러나 여성 내추럴 와인메이커들은 소명의식 하나로 그 길을 스스로 선택했다. 컨벤셔널 와인도 아닌, 내추럴 방식을 고집한다는 것은 오로지 올바른 와인을 만들고자 하는 열정과 신념으로 내린 결정이다.

그들의 신념은 수천 년 동안 지켜온 전통적인 양조 방식으로 와인을 만들어야 한다는 것이다. 20세기 중반에 도입된 현대식 농법과 다양한 기계를 사용하는 것이 아니라 유기농 혹은 바이오다이내믹 농법으로 포도를 재배하고, 양조 과정에서 그 어떤 첨가물도 넣지 않으며, 포도에서 그 어떤 것도 빼지 않는 방식으로 말이다. 그리고 질 좋은 포도를 재배하기 위해서는 포도밭과 땅이 살아 있어야 한다는 신념, 앞으로 모든 농작물의 재배 방식은 유기농과 바이오다이내믹밖에 없다는 믿음을 갖고 있는 것이다.

그 여성들의 열정과 고충이 담긴 이야기를 들어보면 내추럴 와인이란 무엇인지 알 수 있다. 그들은 장인이자 자연을 지키는 사람이고 실험가, 모험가, 생산자이자 아웃사이더다. 그리고 일반 와인을 만드는 방식에 반기를 들어 자신의 와이너리가 위치한 지역의 전형을 깨고 규제에서 벗어나 와인을 만든다. 포도나무를 기르고 와인을 양조하기 위해 옛 세대가 사용한 전통 방식을 고집한다. 그 확고한 신념 덕분에 관심 밖의 지역이 세계적 와인 생산지로 조명받을 수 있게 되었다.

오스트리아 부르겐란트에 위치한 레너시스타스 와이너리의 슈테파니 레너.

이 책의 주인공들에 대한 간략한 소개

엘레나 판탈레오니 Elena Pantaleoni

와인이란 언제나 맛이 똑같은 상업적인 음료가 아니라 마실 때마다 놀라게 하는 힘이 있어야 한다고 생각한다. 제2차 세계대전 이전에 와인을 만든 방식대로 포도와 땅을 살아 있는 생명체처럼 다루는 그녀는 장인 정신으로 만든 와인을 사람들이 경험하길 바란다.

프란체스카와 마르게리타 파도바니 Francesca and Margherita Padovani

이들 쌍둥이 자매가 만든 브루넬로 디 몬탈치노 와인은 같은 등급의 와인과 맛이 다르다는 이유로 매번 DOCG 등급 심사에서 탈락한다. 그럼에도 자매는 장인적으로 순수한 와인을 만드는 것을 포기하지 않고 더 강하게 싸운다. 와인을 함께 만드는 파트너로서 두 사람의 삶은 쉽지만은 않다. 함께 와인을 만든 지 20년이 됐고, 그 사이 많은 것이 변했다.

유타 암브로지치 Jutta Ambrositsch

오스트리아 수도 한복판에서 와인을 만들며, 그래픽 디자이너에서 와인 생산자로 커리어를 전환한 것이 자신이 가장 잘한 일이라 생각한다. 포도밭에서 일하는 것을 즐기지만 양조 과정과 완성되지 않은 와인을 시음하는 것은 좋아하지 않는다. 그리고 와인을 만들 때 개입을 최소화하는 것이 중요하다고 믿는다.

알리스 부보 Alice Bouvot

'내 마음에 드나? 안 드나?' 끊임없이 자문한다. 자신의 직감과 포도만을 신뢰하는 그녀는 발효가 멈췄을 때 포도액, 효모와 교감하며 해결하려 한다. 쥐라의 아르부아 AOC는 포기한 채 가장 낮은 등급인 뱅 드 프랑스로 출시하더라도 내추럴 와인에 대한 신념을 굽히지 않는다.

슈테파니와 주자네 레너 Stefanie and Susanne Renner

자매는 부르겐란트에 위치한 부모의 와이너리를 물려받아 가업을 이끌게 됐다. 평소 하던 대로 일에 개입하려는 아버지에게 계획이 다 있으니 물러나달라고 했다. 남을 위해 일하는 것이 아닌, 모든 결정을 직접 하는 데 만족하며, 공과 사가 불분명해지기 쉬운 부부나 커플이 아닌 자매로써 와인을 만드는 것이 훨씬 낫다고 생각한다.

카트린 아눙 Catherine Hannoun

영화 제작자에서 와인메이커가 된 뒤 영화 작업을 할 때처럼 다양한 실험을 하며 와인을 만들고 있다. 극소량의 와인을 만드는 생산자이지만 원하는 만큼 새로운 시도를 할 여유가 없고 딸과 함께 보낼 시간이 부족해 고민한다.

아리안나 오키핀티 Arianna Occhipinti

스물한 살부터 시칠리아에서 혼자 와인을 만들었으며 내추럴 와인 이상의 사명감을 갖고 일한다. 바로 미래 세대를 위해 자연을 지킨 사람으로 100년 뒤에도 기억되길 바란다.

내추럴 와인의 기본

이 책에 소개된 내추럴 와인 생산자들의 이야기에 공감하기 위해서는 내추럴 와인이 무엇인지, 시중에서 판매하는 일반 와인과 어떻게 다른지 먼저 이해해야 한다. 내추럴 와인은 순수한 발효 포도즙으로, 그 어떤 첨가물도 넣지 않으며 양조 과정에서 개입을 최소화해 만든다. 이런 정해진 규칙을 따른다고 모두 내추럴 와인이 되는 것은 아니다. 와인을 만드는 마음가짐과 접근 방식이 가장 중요하다고 대다수 생산자들은 강조한다.

내추럴 와인 운동

내추럴 와인은 새로운 종류의 와인이 아니다. 포도밭과 양조 과정을 전통 방식으로 되돌려놓은 것뿐이다. 현대의 내추럴 와인 운동은 1960년대 프랑스 보졸레의 쥘 쇼베 Jules Chauvet에 의해 시작됐다. 쇼베는 옛날 방식으로 포도를 재배하고 양조해야 한다고 주장했다. 그의 외침은 1970년대 말, 보졸레 지역의 마르셀 라피에르 Marcel Lapierre를 포함한 핵심 인물 '5인방'에게 전파되어 확산하기 시작했다. 그 5인방은 미르셀 라피에르를 비롯해 기 브르통 Guy Breton, 장폴 테브네 Jean-Paul Thévenet, 장 포야르 Jean Foillard와 조제프 샤모나르 Joseph Chamonard로 구성됐다. 그들은 밤새 와인을 마시고도 다음 날 아침 숙취 없이 포도밭에서 일하고 싶었다. 이는 밭에 살충제를 뿌리지 않고 양조 과정에서 이산화황을 넣지 않았더니 가능해졌다.

1980년대와 1990년대에도 장인적으로 만드는 내추럴 와인 양조 방식이 널리 퍼졌다. 프랑스 쥐라의 피에르 오베르누아 Pierre Overnoy와 루아르의 니콜라 졸리 Nicolas Joly를 시작으로 이탈리아 키안티의 조반나 모르간티 Giovanna Morganti, 에밀리아로마냐의 엘레나 판탈레오니 Elena Pantaleoni, 프리울리의 요스코 그라브너 Joško Gravner와 스탄코 라디콘 Stanko Radikon 그리고 베네토의 안졸리노 마울레 Angiolino Maule 에게까지 확산한 것이다. 이들은 또 다른 생산자들에게 이 방식을 전했고, 이제는 전 세계에서 내추럴 방식의 와인메이킹이 이루어지고 있다.

전통 방식을 다시 찾다

내추럴 와인 생산자들은 장인이다. 그들은 8,000년 동안 이어온 전통 방식을 포도밭과 양조장에 다시 적용하기 시작했다. 이 전통 방식은 20세기 초 산업화의 가속으로 거의 사라지게 됐지만 그 전까지는 모든 농업 방식이 유기농이었으며, 양조장에서는 '아무것도 넣지도, 빼지도 않고' 와인을 만들었다. 하지만 1950년대부터는 대규모 산업화된 와인 양조 방식이 주류가 됐고, 그 결과 포도밭에 살충제와 제초제, 화학비료를 사용하는 것을 당연하게 여겼다. 그리고 양조 과정에서는 각종 첨가물에 의존하는 '거친' 방법으로 와인을 만들었다.

늦가을, 레너시스타스 와이너리에
심어놓은 피복작물.

내추럴 와인이란?

내추럴 와인은 발효된 포도즙을 말한다. 그 어떤 것도 첨가하거나 빼지 않는다. 양조 과정에서 개입을 최소화한 것이 시중의 유기농 혹은 바이오다이내믹 와인과 다른 점이다.

<내추럴 와인 만드는 방법>
- 유기농 혹은 바이오다이내믹 농법으로 재배한 포도만 사용한다.
- 포도를 손으로 하나씩 직접 수확한다.
- 야생 효모(포도와 양조장에서 자연적으로 존재하는 효모)만 사용한다.
- 이산화황은 완전히 배제하되 병입 시 극소량만 사용할 수 있다(당, 영양분, 산, 제산제 등은 일절 사용하지 않는다).
- 필터링이나 과도한 정제 과정을 배제한다.
- 포도즙을 가열해 색을 진하게 하거나 타닌을 끌어내기 위해 고온 처리를 하지 않는다. 또 알코올 도수를 낮추거나 탄 냄새를 제거하기 위해 역삼투압을 하지 않는다.

반대로 내추럴 와인 생산자들은 포도를 직접 손으로 수확하고 유기농 혹은 바이오다이내믹 농법으로 재배한다. 포도나 양조장에 존재하는 야생 효모가 자연스럽게 포도즙에 더해져 발효되도록 하고 시판용 인공 효모를 절대 사용하지 않는다. 또 그 어떤 첨가물도 넣지 않는데, 유일하게 한 가지 예외가 있다면 와인에 따라 안정화하기 위해 극소량의 이산화황을 넣는 정도다. 와인의 맛을 조절하기 위해 흔히 사용하는 설탕이나 산, 제산제, 인공 영양분이나 타닌, 착색료는 그 어떤 경우에도 더하지 않는다.

내추럴 와인은 정제 과정을 거치지 않으며 대부분 필터링도 하지 않는다. 대신 시간과 중력에 의해 안정화되도록 기다린다. 그렇기 때문에 내추럴 와인은 색깔이 늘 물처럼 맑지 않고 병 바닥에 뿌옇게 침전물이 생길 수 있다. 만약 깨끗하고 투명하다면 달걀흰자를 첨가해 정제 효과를 낸 경우일 것이다. 내추럴 와인메이커들은 포도즙을 가열해 색을 진하게 하거나 타닌을 끌어내기 위해 고온 처리thermovinification를 하지 않는다. 또 도수를 조절하기 위해 알코올과 물을 분리하거나 산불에 탄 포도의 탄내를 제거해 주는 역삼투압reverse osmosis을 일체 하지 않는다.

장인적으로 와인을 만든다는 것은 전통 방식을 따른다는 얘기다. 페티영 나튀렐pétillant naturel(자연스러운 스파클링), 줄여서 펫낫pét-nat은 효모를 첨가하지 않고도 탄산과 기포가 있는 와인을 만드는 옛 스파클링 와인 제조 방식인데, 최근 전 세계 내추럴 와인메이커들이 사용하는 기법이 됐다. 펫낫은 발효가 덜 끝난 와인을 병입하는 것으로, 당이 알코올로 변하는 과정에서 생긴 이산화탄소가 병 안에 갇혀 점차 작은 기포가 생겨 완성된다.

내추럴 와인메이커들은 화이트 품종의 포도 껍질을 제거하지 않고 발효하는 스킨 콘택트 skin contact 방식을 다양하게 시도해 복합미 넘치는 오렌지 와인을 만든다. 이 또한 화이트 와인을 첨가물 없이 안정화하기 위해 사용하던 옛 양조 방식이다. 생산자들은 장인적으로 와인을 만들기 위해 포도밭과 양조장에서 수많은 선택의 기로에 놓인다. 그럼에도 이들의 공통 목표는 살아 있는 와인을 만드는 것이다. 포도가 자라는 땅과 그해의 기온이 모두 반영된 와인을 만들고 싶어 한다.

내추럴 와인 생산자들은 스스로를 자연 지킴이라고 부른다

많은 내추럴 와인 생산자들의 핵심 원동력은 미래를 위해 땅을 지키는 것이다. 이를 위해 그들은 유기농 혹은 바이오다이내믹 농법으로 포도를 재배해 땅을 재생하고, 자연과 지구를 지키고자 하며, 자신이 처음 맞이했던 망가진 땅이 아닌 건강하고 살아 있는 상태로 되돌려놓고 싶어 한다.

그들은 또 포도밭에 그 어떤 화학비료도, 살충제도, 제초제도 사용하면 안 된다고 생각한다. 동물과 식물에서 나오는 자연적인 퇴비를 비료로 사용하고, 포도나무 사이가 침식되는 것을 막기 위해 피복작물 cover crop 을 심으며, 땅에 생물학적 다양성을 적용해 흙의 구조를 개선하려 노력한다. 대부분의 생산자가 노균병과 흰가룻병을 예방하기 위해 황산구리를 밭에 뿌리지만 되도록 최소량만 사용한다. 구리를 과하게 뿌릴 경우 축적된 구리가 땅에 독성을 남기게 되고 황산은 무해한 곤충까지 없앨 수 있어 적절한 양을 사용해야 한다. 구리를 일체 쓰지 않는 생산자들은 허브 종류를 포도나무 사이에 심어 밭의 면역력을 자연스럽게 강화하는 데 집중한다.

1900년대 초부터 인공 비료와 살충제, 제초제는 땅의 생명력을 빼앗아간다고 알려졌다. 1924년 루돌프 슈타이너 Rudolf Steiner 가 바이오다이내믹 농법을 개발했는데, 이는 예전보다 땅이 기름지지 않다는 오스트리아 농부들의 고민을 해결하기 위한 방책이었다. 그만큼 바이오다이내믹 농법은 땅의 건강 상태가 핵심이다. 땅에 생명력을 다시 불어넣기 위해 바이오다이내믹 농법을 선택한 내추럴 와인 생산자가 많다. 땅이 다시 살아나기 위해서는 필드 스프레이와 퇴비를 적절히 사용해 땅의 부식질과 생물학적 다양성을 늘려야 한다.

내추럴 와인 생산자들은 500번에서 508번까지 번호가 붙은 프레파라트 präparat (영어로 preparation)라는 아홉 가지 특수 조합 자연 퇴비를 사용해 토질을 향상시키고 식물의 건강을 증진한다. 포도밭에 뿌리는 경우도 있고, 퇴비에 더해 미생물을 자극하는 요소로도 사용한다. 이로써 포도원은 바이오다이내밀을 통해 스스로 에너지를 내뿜고 생명체가 가득한 곳이 된다. 이상적인 포도원은 거름을 제공하는 동물이 공존해야 한다. 그러나 현실은 대다수 생산자들이 인근 가축 농장에서 거름을 사와 퇴비로 사용하고 있다.

스스로를 자연 지킴이라 생각하는 많은 내추럴 와인 생산자들은 생태계를 향상시키고, 더 나아가 지구가 보다 건강해지도록 노력한다. 그들은 일본인 농부 후쿠오카 마사노부^{Masanobu Fukuoka}의 '무위 농법^{do-nothing agriculture}(무경운·무농약·무비료·무제초의 4무 농법)'과 재생 농법에서 많은 영감을 받는다. 이 농법을 적용하는 생산자들은 경운기를 쓰지 않아 흙을 자극하지 않고, 건지 농법^{dry-farming}을 해 관개용수를 대지 않으며, 땅에 유익한 식물을 심어 생태계 스스로 치유할 수 있게 한다. 그리고 땅에 영양분을 공급하는 작물을 키워 경운 작업 없이 흙 속을 환기한다. 이 무위 농법은 땅속 탄소를 유지시켜 기후변화로 인한 영향을 덜 받게 해준다.

와인계의 이단아

내추럴 와인 생산자들은 관행을 따르지 않는다. 그 결과 지역 내 아웃사이더가 되고 남들과 다른 와인을 만든다. 이들이 만든 와인은 이웃 와이너리의 컨벤셔널 와인과는 맛과 향이 다르다. 전통 방식으로 와인을 만들고 토착 품종을 주로 사용하기 때문이다.

또 모든 조건을 갖췄음에도 지역의 품질 등급 시음위원회의 등급 심사를 통과하지 못하는 경우가 다반사다. 유럽의 많은 내추럴 와인 생산자들은 고지식한 시음위원회와의 싸움에 지쳐 결국 등급을 포기하는 경우가 많다. 그 결과 지역의 가장 낮은 등급인 뱅 드 프랑스^{Vin de France}, 비노 로소^{Vino Rosso}, 혹은 비노 비안코^{Vino Bianco}로 분류되어 판매된다. 등급을 포기하는 대신 얻는 게 있다. 원하는 방식으로 와인을 만들 수 있는 자유다.

많은 내추럴 와인 생산자들은 유기농 혹은 바이오다이내믹 인증 절차를 거치려 하지 않는다. 인증 기준이 너무 관대하다고 생각해서도 그렇고, 행정 절차에 목숨 거는 관료주의적 인증 기관이 못마땅해서도 그렇다.

몇몇은 재배하는 포도에 유기농 인증을 받지만 양조된 와인은 인증 과정을 거치지 않는다. 그 이유는 유럽연합이 유기농 와인을 인증할 때 45가지 첨가물과 가공제를 허용하기 때문이다. 그런 느슨한 규정을 내세우는 곳에서 자신의 와인을 인증받고 싶지 않은 것이다. 인증 기관은 바이오다이내믹 와인에도 몇 가지 첨가물을 허용할 정도다. 바이오다이내믹 인증에 가장 많이 사용하는 데메테르^{Demeter} 인증 마크는 효모를 인공적으로 첨가하는 등 몇 가지 첨가물을 허용하는데, 나라마다 그 범위가 다르다.

헤밍웨이가 가장 좋아한 에밀리아로마냐의 발 트레비아.

내추럴 와인이 유기농 와인이나 바이오다이내믹 와인과 다른 점은 양조 과정에서 얼마나 최소한으로 개입했는지 여부다. 따라서 유기농 와인이나 바이오다이내믹 와인이라고 해서 모두 내추럴 방식으로 만든 것은 아니다.

장인적 방식으로 와인을 만든다는 것은 내추럴 와인 생산자들이 작은 규모로 와이너리를 운영한다는 의미다. 이 책에 소개한 생산자들은 3~30헥타르* 크기의 포도밭을 운영한다. 이해를 돕기 위해 명성 있는 보르도 좌안의 1등급 프르미에 크뤼 와이너리의 포도밭 규모를 언급하자면, 보통 80~110헥타르에 달한다.

와이너리가 작다고 아름답기만 한 것은 아니다. 그만큼 수고가 뒤따른다. 몇몇 곳은 직원을 고용할 수 없어 모든 일을 혼자 해야 한다. 또 어떤 생산자는 밭은 물론 숙성 통까지 임대해 고정비용을 줄인다. 실제로 많은 내추럴 와인 생산자들이 중고 숙성 통과 오래된 압착기가 딸려오는 낡은 셀러를 인수해 와인 장비에 들여야 하는 투자 비용을 절약한다. 또 다른 이들은 병입기 같은 고가의 기계를 서로 빌려 쓰며 기곗값을 나눠 낸다.

내추럴 와인 생산자는 와인계에서 아웃사이더로 살기 때문에 같은 길을 걷는 이들과 공동체를 형성하는 것이 중요하다. 내추럴 와인업계에서 가장 규모 있는 커뮤니티 '로 와인Raw Wine'은 현재 1,000명 넘는 내추럴, 바이오다이내믹과 로-인터벤션low-intervention(저개입) 생산자들을 연결한다. 로 와인을 비롯해 쥐라의 유명 시음회 '르 네 덩 르 베르Le Nez dans le Vert', 이탈리아의 '트리플 ATriple A'와 '빈나투르VinNatur', 프랑스의 '내추럴 와인협회L'Association des Vins Naturels'와 '라 르네상스 데 아펠라시옹La Renaissance des Appellations'까지, 이 단체들은 같은 생각과 신념을 가진 생산자들을 연결해 주어 서로를 돕는 것은 물론 수입사와 소비자를 찾는 길잡이 역할도 한다. 그리고 무엇보다 가장 중요한, 소속감을 느끼게 해준다.

* 1 헥타르(ha)
= 10,000㎡

빈에서 반드시 들러야 하는 내추럴 와인 숍 '바인슈트'.

엘레나 판탈레오니 - 라 스토파
ELENA PANTALEONI - LA STOPPA

와인은 마시는 순간
놀라게 하는 힘이 있어야 해요

와인은 대량생산하는 음료수처럼 마실 때마다 맛이 똑같으면 안 되는, 그것만의 문화가 있어야 한다. 그런 의미에서 엘레나 판탈레오니는 목표가 있다. 와인 생산 방식이 바뀌기 전인 제2차 세계대전 이전으로 우리가 마시는 와인의 맛을 돌려놓는 것. 그녀는 지금 와인을 만드는 이탈리아 에밀리아로마냐에서도, 또 칠레에서도 포도가 자라는 땅에 대한 예우를 갖추며 장인적인 방식으로 와인을 만든 지 벌써 30년이 넘었다. 엘레나의 목소리는 차분하고 부드럽지만 신념만큼은 굳건하며, 트렌드에 무심하고 두려움에서 벗어나고 싶지만 사람들이 자신의 와인에 대해 어떻게 생각하는지는 매우 중요하게 여긴다.

포도밭과 높은 나무로 둘러싸인 언덕 꼭대기에 라 스토파 와이너리가 있다. 접이식 자전거로는 다소 무리가 있는 구불구불한 언덕길 끝에 다다르면 가장 먼저 보이는 것이 중세 시대 탑이다. 이 첫인상은 라 스토파가 지니고 있는 역사와 전통, 지속성을 상징하는 의미로 다가왔다.

엘레나 판탈레오니의 집 부엌에 들어서자 그녀는 점심을 준비하고 있었다. "이 지역을 있는 그대로 지키고 싶어요." 언덕 위에서 느낀 바를 전하자 그녀가 말한다. "그러기 위해서는 자연과 사람, 삶 자체를 존중할 줄 알아야 해요."

대화를 나누는 내내 엘레나는 '존중하다', '지키다', '베풀다'라는 단어를 자주 사용한다. 자신의 공간에 초대해 주고 와인을 나눠주는 그녀의 '베풂'을 보면 엘레나가 어떤 사람인지 알 것 같다. 아버지에게 와이너리를 물려받아 실소유주가 되었지만, 그녀는 라 스토파가 여럿이 소유하고 함께 운영하는 와이너리라고 말한다. 아버지와 함께 와인을 만들던 직원들이 여전히 함께하고 있고, 유기농법을 고수하는 것은 물론 인기 있는 포도 품종이 아닌, 에밀리아로마냐의 토착 품종을 재배하고, 모두가 즐길 수 있도록 가격에 거품을 빼는 와인메이커가 바로 엘레나다. 그런 엘레나에게 내추럴 와인이란, 그저 와인일 뿐이다. 수천 년 전부터 같은 방식으로 만들어온 와인 말이다. "내추럴 와인이라고 구분해서 부르는 데 동의하지 않아요. 오히려 내추럴이 아닌 다른 와인에 '상업 와인'이라는 라벨이 붙는 게 맞을 테니까요. 하지만 아직까지는 우리가 만드는 와인이 일반 와인과 다른 점을 강조하기 위해 내추럴 와인이라는 명칭이 붙는 것을 이해해요." 그녀가 부드러운 목소리로 말한다.

시중에 나와 있는 와인과 자신이 만드는 와인이 다르다고 그녀는 초반부터 인정했다. 엘레나의 관점에서 와인이란 언제나 맛이 똑같은 코카콜라와는 달라야 한다. "무슨 맛인지 알기 때문에 찾게 되는 코카콜라와 와인이 같아서는 안 되죠. 와인은 아는 맛이면 안 돼요. 와인은 마시는 순간 놀라게 하는 힘이 있어야 해요." 엘레나는 거듭 강조한다.

헤밍웨이가 좋아한 곳

라 스토파의 포도원이 위치한 발 트레비아 Val Trebbia에 도착하면 황홀한 광경에 숨이 멎을 것 같다. 이 푸르르고 무성한 언덕의 풍경은 헤밍웨이조차 가장 아름다운 곳이라고 감탄했을 정도다. 인근 포 Po 지역의 평평한 땅과 피아첸차 Piacenza를 벗어나 북쪽으로 펼쳐진 상업적인 농장과는 극명하게 대비되는 광경이다. 라 스토파는 평온하기 이를 데 없는, 푸르른 천국이다.

엘레나는 1991년 아버지에게 라 스토파 와이너리를 물려받았다. 당시 피아첸차에 위치한 레코드 가게에서 일하던 그녀는 모든 것을 정리하고 라 스토파

에 들어왔다. 포도 재배학과 와인 양조학을 정식으로 배우지 않은 그녀는 아버지가 하지 않았던 유기농법과 저개입 양조법을 시도했다.

엘레나는 와이너리에 퇴비를 사용하지 않는다. 라 스토파의 포도나무 사이에는 풀이 자라고 '촙 앤드 드롭chop and drop' 방식으로 퇴비를 대신한다. 촙 앤드 드롭은 피복작물과 가지치기한 가지를 땅에 그대로 방치해 시들게 한 다음 자연스럽게 퇴비로 변하게 두는 자연 퇴비법이다. 이는 영속 농업인permaculturalist들이 사용하는 핵심적인 농사법이자 균형 잡힌 토양을 만드는 가장 쉬운 방법이기도 하다. 라 스토파에서는 수년 동안 땅을 건드리지 않는다. 땅을 갈지도, 입단화하지도 않는다.

"포도나무 사이에 심어놓은 작물 작업을 시작했어요. 4~5센티미터만 가볍게 잘라주는데, 잘린 부분은 흙에 스며들도록 땅에 떨어진 채 둬요. 그러면 지력이 자연스럽게 좋아지죠." 엘레나가 설명한다.

외래 품종 제거

엘레나의 모던한 부엌에는 와인의 앙금을 사용해 만든 홈메이드 브레드부터 파이, 아르티사날 치즈, 살라미, 텃밭 채소로 만든 그릴 요리까지 지역 특색이 두드러진 음식이 차려져 있다. 그리고 결코 빠질 수 없는 라 스토파 와인도 준비되어 있다. 이 식사 테이블에는 엘레나의 오른팔이자 친구인 니코 스키아키타노Nico Sciackitano가 함께한다. 그녀가 키우는 반려견 로이와 티아고도 주변을 맴돈다. 라 스토파는 1800년대 말에 보르도 와인 애호가였던 변호사 잔카를로 아제노Giancarlo Ageno가 설립했다. 인쇄소를 운영하던 엘레나의 아버지가 라 스토파 와이너리를 1973년에 매입했을 때는 세계적으로 인기 있던 품종만 심어져 있었다. 아제노가 좋아하던 보르도 지역 품종은 물론 피노 누아와 마르산, 그리고 피노 그리가 주를 이뤘다. 엘레나의 아버지가 와이너리를 운영하던 초반에는 양조할 때 개입을 최소화하고 토종 효모를 사용하는 등 현재의 내추럴 양조법과 비슷한 방식으로 와인을 만들었다. 그러나 1980년대에 들어서는 전 세계 와인 양조 트렌드에 못 이겨 배양 효모를 사용하고 말았다.

그러다가 엘레나가 합류하면서 다시 전통적이고 장인적인 방식의 와인 양조법을 라 스토파에 적용했다. 그리고 타지의 품종이 아닌, 그 지역을 상징하는 토착 품종을 심기 시작했다. "소비자 입장에서 생각해 보면 이탈리아의 생소한 지역에서 만든 보르도풍 레드와 루아르풍 화이트를 마실 이유가 없어 보였어요. 특히 같은 값에 진짜 보르도에서 만든 레드와 상세르에서 만든 소비뇽 블랑을 살 수 있다면요."

그녀는 차라리 라 스토파의 토양을 더욱 특별하게 만들어보기로 했다. 그리고는 어디에서도 인기를 끌 타지의 품종을 다 뽑아버리고 그 자리를 토착 품종으로 대체했다. 레드 품종은 보나르다Bonarda와 바르베라Barbera, 화이트 품종은 말바시아 디 칸디아Malvasia di Candia와 오르트루고Ortrugo, 트레비아노Trebbiano를 심었다. 샤르도네, 소비뇽 블랑, 토카이, 피노 그리, 그레케토와 피노 누아 같은 타지 품종은 과감히 없앴다. 한동안 유지했던 카베르네 소비뇽과 메를로도 2005년에 완벽히 제거했다.

"이 지역의 따뜻한 기후와 식토clay soil에 더 잘 맞는 품종을 키우고 싶었어요. 피노 누아를 사랑하지만 여기서 키운 피노는 중간도 못 가니까요." 엘레나가 설명한다.

이렇게 해서 라 스토파 특유의 다채롭고 강렬하면서 희귀한 와인들이 탄생했다. 같은 콜리 피아첸티니Colli Piacentini 지역에서 생산하던 탄산이 있는 가벼운 와인들과는 확연히 달랐다. 오렌지 와인이 유행하기 한참 전인 2002년에 화이트 품종으로 스킨 콘택트 와인*을 만들기 시작했다. 지금은 라 스토파의 상징이 된 이 스킨 콘택트 와인은 이전 오너를 오마주해 '아제노Ageno'라는 이름을 붙였다. 엘레나만의 방식으로 전통과 역사에 경의를 표한 것이다.

*스킨 콘택트 와인: 포도 껍질을 제거하지 않은 채 일정 기간 양조한 와인. 화이트 와인 품종을 껍질과 침용시켜 양조할 경우 오렌지색을 띠는 와인이 완성되어 흔히 '오렌지 와인'이라고 부른다.

엘레나 판탈레오니의 라 스토파

위치 이탈리아 에밀리아로마냐의 콜리 피아첸티니 내 리베르가로
설립 연도 1800년대 말(1991년 엘레나가 상속)
직원 15명
와이너리 규모 30헥타르 외 미경작 농지 28헥타르
농법 유기농 인증
생산량 110,000병
품종 바르베라, 보나르다, 메를로, 말바시아 디 칸디아 아로마티카, 오르트루고, 트레비아노
추천 와인 아제노 Ageno, 마키오나 Macchiona, 비노 델 볼타 Vino del Volta

엘레나는 이탈리아뿐 아니라 칠레 마울레 Maule 지역의 라 미시온 La Misión 와이너리에서도 와인을 만든다. 이곳은 엘레나의 아버지가 세상을 떠난 뒤 어머니가 매입한 오래된 포도 농장으로, 200~300년간 접목하지 않은 파이스 País 포도나무가 심겨 있다. 엘레나는 친구 니콜라 마사 Nicola Massa와 함께 2016년부터 이곳 칠레에서 와인을 양조한다. 대신 피사도르 Pisador라는 단 하나의 퀴베만 만든다. 이곳에서 그녀의 목표는 라 스토파를 시작했을 때와 동일하다. 장인적인 방식으로 와인을 만들고, 마울레 사람들에게 지역의 전통과 토착 품종에 대한 자부심을 심어주는 것. 엘레나와 니콜라는 손으로 포도 줄기를 직접 제거하고 마울레에서 전통적으로 사용하던 너도밤나무 통에 와인을 숙성시킨다.

"칠레 사람들은 제가 왜 이렇게까지 하는지 이해하지 못해요." 농축되고 살짝 스모키한 피사도르 와인을 테이스팅하며 엘레나가 말한다. "오히려 이상하다고 생각하죠. 외국인이 마울레까지 와서 아주 오래전 방식으로 와인을 만들고 싶어 한다는 사실을요. 그런데 저에겐 나라와 지역에 상관없이 잘못 형성된 와인 문화를 바로잡고 싶은 사명감이 있어요. 라 미시온에서도, 라 스토파에서도요."

규칙은 없고 시간은 필요하다

와이너리에 사는 반려견 중 한 마리인 티아고가 라 스토파 와이너리의 셀러로 우리를 안내한다. 라 스토파에서는 와인이 충분히 숙성되도록 시간을 갖고 기다린다. 배럴 상태에서도, 병입 상태에서도 와인이 완성될 때까지 인내한다. 시장에 선보이기 전까지 바로 이 셀러에서 모든 와인이 숙성 기간을 거치는 것이다. 바르베라와 보나르다 품종으로 만든 레드 와인 마키오나 Macchiona의 숙성 기간은 평균 10년 정도이며, 스킨 콘택트 화이트 와인인 아제노는 숙성 기간이 그리 길지 않다. 가장 영 young한 와인에 속하는 트레비올로 Trebbiolo는 병입 후 1~2

년 안에 출시한다.

정해진 규칙이 있는 건 아니다. 출시 시점은 라 스토파에서 함께 양조하는 줄리오 아르마니 Giulio Armani와 엘레나가 테이스팅한 뒤 결정한다. 같은 퀴베여도 얼마 안 된 빈티지가 훨씬 오래된 빈티지보다 먼저 출고되는 경우도 있다. 예를 들어 2017년산 아제노 스킨 콘택트 와인은 2016년산 아제노보다 먼저 출시되었다. 통상적으로 이해하기 어려운 개념일 수 있지만, 각각의 퀴베에 필요한 시간을 줘야 한다는 엘레나만의 믿음이다. 몇 해 전 라 스토파의 회계사는 셀러에 보관 중인 수많은 병을 보고 재정적 이유에서라도 팔 것을 권유했다. 그러나 엘레나는 아직 와인은 숙성 중이며, 판매할 만한 와인이 없다고 대답했다. 이 또한 와인메이킹의 과정이라고.

"포도 농사가 어려웠던 해는 와인을 완성하는 데 더 오래 걸릴 수도 있어요. 어떨 때는 금방 될 때도 있고요. 매번 다르기 때문에 단정 지을 수가 없죠. 공식을 적어놓은 노트를 아예 버렸어요. 좋은 와인을 만드는 비결은 끊임없이 지켜보고 그에 맞게 다음 단계를 실행하는 방법밖에 없죠. 그리고 언제나 시간을 줘야 해요. 와인에 가장 필요한 건 기다림이에요."

티아고가 셀러의 어둑한 코너에서 쥐를 발견하고 잽싸게 달려가 입으로 문다. 엘레나가 재빨리 다가가 차분한 목소리로 쥐를 놓아주라고 한다. 이곳은 모든 생명체가 공존하는 곳이라고. 이내 티아고가 쥐를 내려놓자 수많은 와인병이 있는 어둠 속으로 사라진다.

하지만 '시간'을 많이 들인다고 좋은 내추럴 와인을 만들 수 있는 것은 아니라고 엘레나는 강조한다. 포도가 자라는 땅과 포도를 존중하는 마음에서 비롯된다고 덧붙인다.

"저에게 내추럴 와인메이킹이란 포도가 자란 곳을 이해하고 그 땅이 지닌 힘이 와인에 스며들도록 하는 거예요. 같은 품종이라도 포도가 자라는 땅, 즉 테루아 terroir가 다르다면 그 토질이 반영되어 맛도 달라지죠." 엘레나가 말을 잇는다. "예를 들어, 아리안나 오키핀티가 라 스토파에 와서 여기서 자란 포도로 와인을 만든다면 제가 만드는 와인과 맛이 비슷할 거예요. 그게 내추럴 와인이에요."

엘레나의 관점에서 볼 때 와인메이커는 포도가 자라는 땅을 존중하고 토양의 특색을 와인에 반영하는 일을 하는 것이지 와인메이커 개개인의 '손맛'이 따로 있는 게 아니다. 수확한 포도의 특성에 맞게 어떤 통에 얼마 동안 숙성시킬지 결정할 뿐이다.

"우리는 만들어져가는 와인이 스스로 힘을 발휘할 수 있도록 도와주는 거예요. 그걸 파악하기 위해서는 포도가 자라는 땅을 관찰하고 이해하는 것이 핵심이죠. 모든 와인의 맛과 특성은 땅에 따라 달라지니까요." 엘레나가 설명한다.

"라 스토파의 포도는 식토에서 따뜻한 햇살을 받으며 자라기 때문에 숙성하는 데 굉장히 오랜 시간이 걸려요."

자신의 이론을 뒷받침하기 위해 엘레나는 라 스토파에서 아버지 때부터 와인을 만들어 온 양조학자 줄리오 아르마니의 이야기를 들려준다. 줄리오는 여전히 라 스토파에서 엘레나와 와인을 만들지만 부업으로 데나볼로 Denavolo라는 이름의 와인을 따로 생산하고 있다. 다른 땅에서 자란 포도로 만든 그의 와인은 양조법이 같더라도 라 스토파 와인과는 맛이 완전히 다르다. 엘레나는 그 이유를 토질과 기온 차이라 설명한다. 라 스토파는 기온이 높고 식토에서 포도가 자라 와인에 복합미가 느껴지면서 농축된 맛이 나는 반면, 줄리오 아르마니의 밭은 고도가 높은 곳에 위치해 기온이 낮고 자갈이 많아 데나볼로 와인은 가볍고 산도가 높은 편에 속한다.

엘레나는 작고한 스탄코 라디콘 Stanko Radikon 이야말로 테루아를 와인에 가장 잘 반영한 와인메이커로 기억한다. 스탄코는 이탈리아에서 거의 최초로 전통적 장인 방식으로 포도를 재배해 와인을 양조했으며, 스킨 콘택트 와인을 선보인 내추럴 와인계의 전설적인 인물이다. 그가 이러한 방식으로 양조한 1990년대 중반은 배양 효모 사용과 인위적인 온도 조절이 유행하고 전통 방식이 사라지

던 때라 더 의미 있다. 엘레나는 스탄코를 만나기 전까지 그의 와인을 이해하기 어려웠다고 고백한다.

"그를 만나서 설명을 듣고 나니 드디어 이해가 됐어요. 제게 두려움을 갖지 말라고 조언해 주더군요. 땅이 모든 결정을 대신해 줄 거라고. 어떤 빈티지는 마음에 들지만 어떤 빈티지는 그렇지 않아요. 그런데도 상관없어요. 포도가 가장 행복하게 와인이 될 수 있도록 온 힘을 다하면 돼요. 내추럴 와인은 그래요."

트렌드를 따르지 않는, 토양을 표현하는 와인

엘레나는 트렌드에 무관심하다. 이미 30년간 와인을 만든 사람으로서 그게 당연하다. 토양의 상태를 그대로 반영한 와인이 현재 트렌디하지 않아도 상관없다. 각각의 포도에 맞는 숙성 통을 찾아 와인을 숙성시키지, 암포라나 스틸 탱크 등 그 무렵 유행하는 숙성 통을 사용하는 경우는 없다.

"와인 시장의 유행에 영향을 받게 되면 포도밭의 토질을 표현할 수 없어요." 엘레나가 단호한 표정을 지으며 말한다. "몇 년 전 라 스토파를 방문한 사람들이 제게 묻더군요. '아직도 시멘트 탱크와 대용량 오크 통을 사용해요?' 유행이 아니었기 때문에 그런 질문을 받았죠. 최근 그때 그 사람들이 다시 방문했는데 '아직도 스테인리스스틸과 바리크 통을 써요?'라고 묻더라고요. 이런 질문을 하는 사람에게는 할 말이 없어요. 저랑 생각이 다르니까요."

이런 확고한 신념과는 상반되게 엘레나의 목소리는 부드럽기만 하다. 그녀는 얼마 동안 스킨 콘택트를 했고, 어떤 숙성 통에 얼마나 숙성시키고 있는지 등 양조법에 대해 구구절절 설명하고 싶어 하지 않는다. 빈티지에 따라 다 다르기 때문에 단일화할 수 없어서다. 라 스토파에서는 와인에 따라 다양한 종류의 숙성 통을 유연하게 사용한다. 스테인리스스틸, 시멘트, 오크, 아카시아 등 소재별, 크기별로 다 있다. 엘레나는 와인이 숨을 쉬기에 가능하면 나무통에 숙성시키는 것을 선호한다.

요즘은 가볍고 도수가 낮은 와인이나 스파클링 와인이 유행이다. 마침 내추럴 와인에서 자주 찾아볼 수 있는 스타일이라 몇몇 사람은 모든 내추럴 와인이 그럴 거라 생각한다. 가볍고, 재밌고, 물처럼 쉽게 마실 수 있는 와인. 하지만 엘레나는 그런 와인을 만들지 않는다. 우리가 대화를 나눌 때 엘레나는 마키오나를 마셨는데, 목 넘김이 편한 글루글루 와인*과는 거리가 멀다. 오히려 성숙하고 복합미가 있는 강렬한 와인이다.

"유행 때문인지 요즘은 모두 펫낫을 만들어요. 아니면 도수가 낮고 편하게 마실 수 있는 와인으로요." 엘레나가 한숨을 쉰다. "제가 만드는 와인은 그렇지 않죠. 도수도 높고, 숙성을 거치면서 나오는 묵직함이 있으니까요."

* 글루글루 와인: 타닌이 강하지 않고 도수가 높지 않아 편하게 '꿀꺽꿀꺽' 마실 수 있는 와인.

신념을 지켜야 한다

엘레나는 남들과 다른 길을 가면서 정직함을 유지하는 쪽을 택했다. 하지만 2000년대 초에는 위기를 느끼기도 했다. 갑자기 지역 내에서 그녀의 와인이 잘 안 팔리기 시작한 것이다. 많은 와인메이커가 소비자의 니즈에 맞춰 양조법을 바꾸던 때라 그녀의 와인은 관심을 받지 못했다.

"사람들은 생산자들이 와인 만드는 방식을 바꾼 거라 생각했지만, 사실 변해버린 와인 시장의 요구에 맞춘 것뿐이에요. 저만 변화에 동참하지 않은 거라, 그때 정말 외롭다는 생각이 들었죠." 엘레나는 당시를 회상한다. "제 신념만 밀어붙이기에는 와이너리 직원들에 대한 책임감이 컸고, 아버지 때부터 함께 일한 그들의 월급이 밀릴까 봐 걱정됐어요."

15명의 직원에 대한 책임감이 그녀의 어깨를 무겁게 눌렀다. 엘레나가 와인을 팔지 못하면 15명 모두 실직할 수도 있기 때문이었다. 엘레나는 그 상황을 해결하기 위해 은행에 가서 대출을 받고 세일즈 방식에 변화를 주었다. 지역 내에서만 판매하던 것에서 다른 유럽 국가와 미국, 아시아 시장까지 뚫기 위해 적극적으로 수입사들을 찾아나선 것이다. 그런 노력 끝에 현재 30개 넘는 수입사와 유통사를 통해 라 스토파의 와인을 전 세계에 선보이고 있으며, 대출을 다 갚는 데 성공했다.

"제 신념을 지키면서 우리 와인의 가치를 알아봐주는 시장을 찾는 것이 중요했어요. 와인 시장은 생각보다 매우 다양하거든요. 세상의 변화에 매번 맞출 필요 없이 제 의지와 믿음대로 밀고 나가는 것이 맞았던 거죠."

쿰쿰한 와인이면 잘못된 거라고?

엘레나의 조카가 지나가던 길에 들렀다. 그는 2009년산 마키오나를 테이스팅하고 몇 마디 나눈 뒤 다시 가던 길을 간다. 벽난로 앞에 누워 자던 반려견들이 일어나더니 먹을 게 없나 어슬렁거린다.

엘레나에게 와인은 음식과도 같다. 자신의 입맛에 맞거나 안 맞거나, 둘 중 하나다. 그런데 요즘 사람들은 소믈리에를 흉내 내며 교과서적인 와인 평가 방식만 고집해 오히려 가장 기본이 되어야 할 '직감'을 잃어버렸다고 그녀는 말한다. 마셨을 때 느껴지는 본능적인 감각이 중요한데 말이다.

"음식을 먹기 전에 '이 음식의 맛을 설명 좀 해주세요'라고 요리사에게 말하나요? 아닐걸요. 하지만 와인의 경우 소믈리에가 이 와인을 마시고 어떤 맛을 느껴야 하는지 미리 얘기해 주길 기다리죠."

엘레나는 소믈리에게 설명을 듣기 전에 먼저 마셔보고 왜 마음에 드는지, 왜 입맛에 맞지 않는지, 이런 맛이 나는 이유가 무엇인지 스스로 생각할 시간

을 가지라고 조언한다.

"브렛*이나 마우지니스**가 느껴진다면 왜 와인메이커가 이런 상태에서 병입했을지 먼저 생각해 봐야 해요." 엘레나가 말한다. "대부분의 경우 너무 일찍 병입했거나 급하게 판매해서일 거예요. 숙성 시간이 더 많이 필요한 와인이었던 거죠."

그녀가 와인과 와인의 맛, 결함에 대해 갖고 있는 자세는 꽤나 철학적이다.

"마시고 있는 와인에 결함이 있다고 생각하면 '와인의 결함이란 무엇인가?' 라고 스스로에게 묻기를 바라요." 그녀가 계속 설명한다. "사람들은 빈티지라는 이름만 믿고 빛바랜 찢어진 청바지에 큰돈을 쉽게 쓰죠. 싱싱한 치즈보다 퀴퀴한 냄새가 나는, 오래 숙성된 치즈를 비싼 값에 사는 걸 당연하게 생각하고요. 그러면서 왜 쿰쿰한 와인이 잘못됐다고, 결함이 있다고 생각할까요?"

인생은 선택의 연속이라는데, 그럴 때마다 엘레나는 신중하게 결정을 내린다.

"매일 선택해야 할 일이 생기죠. 좋은 사람들과 함께하고 싶은가? 건강한 음식을 먹겠는가? 정직하게 만든 와인을 마시겠는가?"

엘레나는 더불어 사는 것을 중요하게 생각하기에 같은 생각을 가진 사람들과 함께해야 한다고 강조한다. 내추럴 와인메이커 중 아리안나 오키핀티, 엘리사베타 포라도리 그리고 프란체스카 파도바니와 우정은 물론 많은 것을 나눈다.

"우리 모두 같은 목표로 와인을 만들고, 서로를 배려하고 존중하는 마음이 깊어요. 고객이나 수입사 정보 같은 현실적인 내용도 공유하고, 각자의 경험담이나 조언도 아끼지 않죠. 경쟁 상대로 보일 수 있지만 서로에게 진실되고 솔직해요. 소중하게 생각하는 관계죠."

그래서인지 라 스토파에도 공동체적 분위기가 느껴진다. 자신이 신뢰하고 좋아하는 사람들과 함께하는 것이 눈에 보인다. 니코 스키아키타노와 그녀의 조카들처럼 말이다. 엘레나가 베푸는 만큼 도움을 받는 일도 많다. 수확 기간이 되면 조카 친구들이 두 팔 걷고 나서주며, 수확에 참여하고 싶다고 연락한 사람들도 기꺼이 맞이한다. 또 인근 마을 리베르가로^{Rivergaro}에서 난민들도 고용한다.

난민의 경우 이탈리아어를 하지 못하고 자동차가 없어 여러모로 함께 일하기 불편할 수 있지만 엘레나는 개의치 않는다.

"그들에게도, 또 저희 와이너리에도 기회라 생각해요. 난민이 되기 전 그들은 경영이나 농업을 공부한 사람들이거든요. 그들은 저희 와이너리에 고용되고, 우리는 그들에게서 지식과 새로운 아이디어를 얻으니 서로에게 도움이 되죠. 그리고 서로가 먹을 음식을 요리해 줘요. 음식은 각자의 문화를 표현하는 방식이라 서로에 대해 알아가고 이해하는 데 큰 도움이 돼요."

어느 해에는 8개국 사람들이 수확을 도우러 온 적이 있다. 다양성을 중요하

* 브렛:
브레타노미세스의 준말로 포도밭에 존재하는 자연스러운 효모균을 말한다. 마구간이나 반창고, 땀에 젖은 말 냄새가 난다.
** 마우지니스:
쥐나 햄스터 집 같은 맛이 나며 불쾌하고 드라이한 끝 맛이 특징. 냄새로는 알 수 없고 맛을 봐야만 느낄 수 있다.

게 여기는 엘레나의 마음에서 비롯되었지만, 이들과 맺는 관계와 함께 만들어내는 공동체적 삶이 더 소중하게 느껴진다.

"대부분의 와인메이커는 수확 아르바이트생을 구해주는 알선 업체를 이용해요. 그런데 저는 알선 업체가 수수료를 거하게 떼어가는 것을 알기 때문에 함께 일할 사람들을 직접 구하죠. 어떤 마음으로 수확에 참여하는지도 알 수 있고, 노동의 대가가 온전히 그들에게 가기를 바라거든요."

사람 간 신뢰와 관계를 중요하게 여기는 것은 엘레나가 일하는 방식의 핵심 요소다. 병입용 코르크나 병을 살 때는 장인들을 직접 찾아가 구매하고, 문제가 생겼을 때 다른 판매자로 바로 바꾸기보다 기존에 같이 일하던 사람들과 먼저 해결하려고 한다.

"저는 단 한 명에게서만 코르크를 납품받아요." 엘레나가 설명한다. "대부분의 와인메이커는 혹시 일어날지도 모를 문제에 대비해 여러 명의 코르크 생산자를 걸쳐놓죠. 저는 그게 옳다고 생각하지 않아요. 문제가 생기면 생산자와 대화로 방법을 찾고 해결할 수 있도록 믿음을 줘야 해요. 저는 사람들과 대화하고 관계를 다져가는 데서 기쁨을 느껴요."

일에 대한 자부심

라 스토파에서 와인을 만드는 것은 팀워크로 이뤄내는 일이다. 엘레나가 와이너리를 물려받았을 때 와이너리 직원들은 물론 포도밭과 그 옆의 숲과 땅까지 지켜야 하는 책임감이 같이 딸려왔다. 양조 담당 줄리오 아르마니는 그녀의 아버지가 와이너리를 운영하던 1980년부터 라 스토파에서 일한 사람이다. 엘레나가 와이너리를 물려받은 순간부터 지금까지 줄리오는 그녀와 함께 와인을 만들고 있다. 양조 과정에서 모든 결정을 함께 내리며 언제 수확할지, 스킨 콘택트 상태로 얼마나 둘지, 얼마나 오랫동안 숙성시킬지, 우드 배럴에 숙성시킬지 병입해서 숙성시킬지 등 모든 중요한 결정을 함께 내린다.

외부에서는 엘레나가 라 스토파의 운영자일 뿐 와인은 모두 줄리오가 만든다고 오해하기도 한다. 사실이 아니지만 겸손한 엘레나는 그런 오해를 굳이 바로잡으려 하지 않는다.

"가끔은 와인을 혼자 만들고 싶다는 생각도 해요. 그런데 제 의지와 상관없이 시작부터 혼자가 아닌 둘이 해야 하는 일이었죠." 엘레나가 말한다. "저에게 주어진 운명을 받아들였어요. 줄리오는 라 스토파에 40년간 있었고 이제는 친형제와도 같아요."

엘레나는 자신의 일을 즐긴다. 좋아하는 일을 열정을 갖고 한다면 그 결과물에 차이가 있다고 확신한다. 그녀와 대화만 해봐도 이 열정과 기쁨이 느껴진

다. 그리고 그녀가 만든 와인을 마셔보면 더 확실해진다.

"열정에 대한 가치는 측정할 수 없어요. 와이너리를 방문한 사람들이 우리 와인을 테이스팅해 보고 늘 하는 말이 '정말 행복해 보여요! 와인 만드는 일을 진심으로 좋아하는 걸 느낄 수 있어요'라고 할 정도예요."

그래서 엘레나는 일을 즐겁게 하는 것의 중요성을 와이너리 직원에게도 늘 강조한다.

"저는 사람을 상대하는 스킬이 좀 부족한 편이에요. 직원들을 대하는 것도 마찬가지죠. 다행히 저희 와이너리 직원들은 모두 마음이 선해서 제가 인복이 있다 생각해요. 그럼에도 직원들이 일하는 목적이 돈 때문인 게 눈에 보일 때

는 돈도 돈이지만 즐기면서 일하는 게 가장 중요하다고 계속 일러줘요." 엘레나가 말하면서 니코를 바라본다. 니코는 이탈리아 혈통의 미국인이다. 런던에서 거주 중이던 그는 파트너와 함께 이탈리아로 이주했다. "니코는 예외예요. 라 스토파에서 일하는 이유는 그가 원해서고, 이곳에서 성취감을 느끼는 게 보여요. 다른 직원들이 니코 같은 마음으로 일했으면 좋겠어요." (니코 스키아키타노는 2022년 초 라 스토파를 떠나 새로운 여정을 시작했다. - 역주)

그렇다고 직원들과 정기적으로 개별 상담을 하거나 팀워크를 다지는 활동을 할 시간은 없다. 그녀가 모범을 보여주는 것으로 대신한다. 엘레나는 30년도 더 넘게 일한 연륜 있는 직원보다 새로 영입한 젊은 직원을 다루는 게 더 쉽다고 고백한다.

"최근 칠레에서 두 명의 직원이 들어왔는데 굉장히 마음에 들어요. 제가 우리 와이너리에서 일하는 법을 가르쳐주지만, 역으로 그들에게 새로운 것을 많이 배우기도 해요. 그들처럼 젊고 열정 넘치는 사람들에게는 특별한 에너지가 있거든요."

관료주의의 민낯

엘레나는 자신이 사랑하는 일을 직업으로 삼을 수 있다는 것에 감사하면서도 와인 생산자로서 가장 싫어하는 것이 있다. 바로 관료 체제다. 그녀가 와인메이킹에서 즐기는 관계 형성, 심플함, 진정성 등 모든 것이 배제되어 있기 때문이다.

"관료 체제는 저를 가장 힘들게 해요." 테이블 위 코르크를 만지작거리며 엘레나가 말한다. "점점 심해지는 것 같아요. 이 용납 안 되는 관료 체제의 원인이 유럽연합 때문이라는 것도요. 프랑스와 이탈리아는 오래된 농업 전통이 있는데, 이 두 나라를 별개로 보지 않고 유럽연합으로 묶어서만 보니 우리의 의견을 전혀 들으려 하지 않아요. 경제력 있는 독일만 최종 발언권이 있죠."

엘레나는 유럽연합에서 유기농 와인에 대한 규정을 통과시킨 2012년 일에 대해 말한다.

"다량의 이산화황과 첨가물을 허용하는 기준이 통과됐는데, 그런 인위적인 것을 많이 넣는 독일산 유기농 와인을 밀어주기 위해 부당하게 통과시켰다고 생각해요. 독일의 기온은 프랑스나 이탈리아와 확연히 다르기 때문에 독일을 기준으로 통과법이 생겨선 안 되었어요."

기온이 낮은 지역에서는 와인의 도수를 올리거나 산도를 중화하기 위해 설탕 사용을 당연시한다. 맛의 균형을 잡기 위해 제산제도 마다하지 않고, 유산 발효나 잔당에 의한 2차 발효를 막기 위해 이산화황을 매우 자유롭게 사용하기도 한다.

많은 내추럴 와인 생산자들은 전통적인 장인 방식의 양조 기법을 기준으로 유기농 인증을 부여할 거라고 믿었다. 그러려면 포도는 유기농법으로 재배하고, 양조 과정에서는 첨가물을 배제하거나 극소량만 허용하는 것이 기준이 되었어야 했다. 그러나 수년간 심사한 끝에 내린 결론은 45가지 첨가물과 가공물 사용이 유럽연합 유기농 인증 와인에 부합한다는 것이다. 일반 와인의 허용 수치보다는 낮지만, 여전히 매우 높은 양의 이산화황도 포함된다.

엘레나는 "제 와인에는 유기농 인증을 달지 못해요. 포도 재배에만 인증을 받죠. 그 말은 곧 와인병에 유기농 인증 로고를 사용하지 못한다는 거예요. 푸른 잎에 별들이 있는 그 로고요"라고 말하고는 곧바로 로고가 없어도 상관없다고 덧붙인다. "제 와인을 마시는 사람들은 자주적이고 본인의 의견을 중요시해요. 와인병에 붙어 있는 로고만 보고 사는 사람은 제 와인을 마시지 않아도 돼요."

라 스토파 와인이 이탈리아의 와인 등급 체계 중 DOC^{Denominazione di Origine Controllata}(이탈리아 원산지 통제 명칭 제도)와 IGT^{Indicazione Geografica Tipica}(지리적 표시 보호 인증)에 속할 자격이 있음에도 와인계에서 칭하는 가장 낮은 등급의 비노 비안코, 비노 로소를 붙이는 이유도 여기에 있다.

"이제는 등급이나 인증에 연연하지 않고 모든 것을 심플하게 하고 있어요. 2016년부터 IGT나 DOC 인증 표기도 없었어요. 그런 거에 마음 쓰고 싶지 않아요. 지금까지 DOC 등급이 어느 지역 와인인지 증명해 주는 유일한 방법이었다면 이젠 그렇지도 않거든요."

엘레나는 DOC 안에 너무 많은 타지 품종이 포함된다며 못마땅한 표정을 짓는다. 샤르도네, 소비뇽 블랑, 카베르네 소비뇽, 피노 누아 등 이탈리아 토착 품종이 아닌 품종이 그 안에 섞여 있다는 점에 불만을 표한다. 콜리 피아첸티니 지역에만 14개의 각기 다른 DOC가 있으며, 발 트레비아^{Val Trebbia}, 구투르니오^{Gutturnio}, 발 누레^{Val Nure} 같은 기타 DOC 인정 소구역에서도 이런 인기 있는 타지 품종 사용을 모두 허용한다.

"말이 안 된다고 생각해요." 엘레나가 고개를 저으며 말한다.

소비자를 존중하는 와인

엘레나가 이끄는 라 스토파는 모든 와인을 적정 가격에 판매한다. 오랜 기간 숙성시킨 것을 감안했을 때 거품이 없는 가격이다. 소비자를 생각한 마음이라고 엘레나는 설명한다.

"떼돈을 벌고 싶었다면 애초에 내추럴 와인을 만들지 않았죠. 제가 만든 와인의 가격을 산정할 때는 소비자를 생각할 수밖에 없어요. 시중에 판매되는 100유로가 넘는 와인이 제가 만든 와인보다 낫다고 생각하지 않아요. 누구를 위해 와인을 만들었는지 한 번이라도 생각하면 그런 부풀린 값에 팔 수 없어요.”

30여 년간 전 세계에서 인정받고 수많은 경험을 했어도 엘레나는 안주하지 않는다. 그녀는 매일 어떻게 하면 더 좋은 와인을 만들 수 있는지, 무얼 다르게 해볼 수 있을지를 고민한다. 특히 어떤 와인을 얼마나 만들지 결정할 때 많은 생각을 하게 된다.

“마키오나가 라 스토파를 표현해 줄 가장 대표적인 와인이에요. 반면 덜 묵직하고 가볍게 마실 수 있는 엔트리 레벨의 트레비올로는 마키오나에 사용하지 않는 포도들로 만들기 때문에 의미 있는 와인이고요.”

보통 엔트리 레벨 와인의 양이 많고 윗등급 와인일수록 가격이 비싸고 소량인 것이 정석인데, 엘레나는 반드시 그래야 하는지 반문한다.

“우리 와이너리를 가장 잘 표현해 줄 와인이, 소위 말하는 윗등급이라는 이유로 양이 가장 적다는 건 말이 안 된다고 생각해요. 하지만 편하게 마실 수 있는 엔트리 레벨 와인을 많은 사람이 맛본다면 그 사람들이 자연스럽게 라 스토파의 더 묵직하고 복합미 있는 와인들을 시도해 볼 수 있겠죠. 예를 들어 재즈를 모르는 사람에게 재즈를 처음 들려주고 싶으면 고수들이나 듣는 난이도 있는 재즈보다는 좀 더 편안하게 들을 수 있는 음악을 선택하는 것처럼요. 와인도 같은 맥락 아닐까요? 생각해 볼 만한 일 같아요.”

두려움에서 자유를 얻다

엘레나는 다음 약속 장소로 이동할 준비를 한다. 티아고와 로이는 외출하는 그녀를 신나게 따라간다.

“제 목표는 행복하고 자유롭다고 느끼는 거예요.” 그녀가 찾는 자유에 와인은 꽤 중요한 역할을 한다. 와인메이킹에서처럼 인생에서도 자유란 놓을 줄 아는 미학이다.

“제 와인들을 통해 자유가 무엇인지 깨닫고 있어요.” 반려견들을 쓰다듬으며 그녀가 말한다. “와인을 만들면서 실수도 많이 했지만, 결국 와인은 시간과 함께 제자리를 찾아가거든요.”

엘레나에게 자유란, 두려움에서 자유로워지는 것이다. 스탄코 라디콘이 오래전 그녀에게 일러준 것처럼, 불안감에서 해방되기 위해 매일 노력한다. 그 경지에 이르기엔 시간이 조금 더 걸릴 것 같지만 말이다.

“사람들이 제 와인을 이해 못 할까 봐 걱정할 때도 많아요. 제가 만든 와인이 불만족스러울까 봐서요. 그런 걱정에서 자유로워지고 싶지만, 아직은 신경 쓸 수밖에 없나 봐요. 제가 잘하고 있는지 끊임없이 되묻고 있으니까요.”

프란체스카와 마르게리타 파도바니 - 폰테렌차
FRANCESCA AND MARGHERITA PADOVANI - FONTERENZA

와인에 쓸데없는 건
넣고 싶지 않아요

쌍둥이 자매 프란체스카와 마르게리타 파도바니는 브루넬로 디 몬탈치노 와인을 만들지만 클래식한 컨벤셔널 와인이 아니다. DOCG 품질 등급 시음위원회는 자매가 만드는 와인의 맛이 브루넬로 특유의 와인과 다르다는 이유로 수차례 자격을 주지 않았다. 그럼에도 자매는 깨끗하고 전통적이며 장인적인 와인 만드는 것을 포기할 수 없었다. 자매, 그것도 쌍둥이 자매가 파트너로 일하기란 쉬운 일이 아니다. 와인을 만든 지 20년이 흐른 지금, 그들의 관계는 많이 변했다. 혼자 일하고 싶을 때도 있지만, 아름다운 몬탈치노에서 정직하고 깨끗한 와인을 만들겠다는 마음만은 두 사람 모두 같다.

콜레^{Colle} 지역의 산탄젤로^{Sant'Angelo}에 위치한 자매의 셀러를 방문했을 때 마르게리타는 한 손에 와인 잔을 든 채 닭장에서 암탉들을 내쫓고 있었다. 그러고는 달걀이 있는지 확인했다. 이곳은 1997년 마르게리타가 밀라노 생활을 정리하고 꿈을 좇아 정착한 그녀의 집이다.

"다섯 살 때부터 와인을 좋아했어요." 파란 라디콘 로고가 새겨진 티셔츠를 입은 마르게리타가 말한다. 처음 와인을 맛본 때가 기억나는지 미소를 짓는다. "어른들이 마시고 남긴 와인을 몰래 훔쳐 마시곤 했거든요."

자매는 어렸을 때 매년 여름을 산탄젤로 외곽에 위치한 오래된 농가에서 보내곤 했다. 여름 별장으로 부모가 구입한 곳인데, 시간이 지나고 어머니가 그곳으로 귀농하겠다 선언했고, 마르게리타가 함께 이곳에 정착하기로 결정했다. 마르게리타는 와인 만드는 것 외에 농사에 남다른 애착이 있어 결정을 내리는 것이 어렵지 않았다. 그녀는 산탄젤로에 정착하고 얼마 지나지 않아 올리브나무에서 수확한 올리브로 오일을 만들었다.

프란체스카는 2001년에 이곳으로 이사했다.

"그때 저희는 어렸기 때문에 뒤도 안 보고 좋아하는 와인을 만들겠다고 결심했어요." 대범한 결정을 내린 것에 대해 프란체스카가 말한다. "와인을 어떻게 만드는지도 모르고 뛰어들었어요. 패기만 넘쳤죠."

프란체스카와 마르게리타 파도바니의 폰테렌차

위치 이탈리아 토스카나의 몬탈치노
설립 연도 2002년 첫 수확
직원 2명
와이너리 규모 5.2헥타르(추가로 사들인 포도밭에서 수확할 때까지 가벼운 레드와 화이트 와인용 포도를 다른 유기농 밭에서 매입 중)
농법 유기농 인증, 바이오다이내믹
생산량 30,000병(직접 재배한 포도로 22,000병, 매입한 포도로 8,000~10,000병)
품종 트레비아노, 말바시아, 베르멘티노, 카나이올로 비안코 등 화이트 품종 1헥타르 외 나머지 모두 산지오베제
추천 와인 로사^{Rosa}, 로소 디 몬탈치노^{Rosso di Montalcino}, 알베렐로^{Alberello}, 브루넬로 디 몬탈치노^{Brunello di Montalcino} 등 산지오베제 품종 와인

영감을 얻기 위해 떠난 여정에서 답을 찾다

포도를 재배하고 와인 만드는 것에 무지했던 파도바니 자매는 멘토가 필요했다. 와인 양조법을 배우기 위해 이탈리아의 다른 지역을 탐색하기 시작했고, 뒤이어 프랑스로 가 경험을 쌓았다. 어머니의 인맥을 통해 이탈리아 내추럴 와인 개척자 중 한 명인 레 본치에 Le Boncie 와이너리의 조반나 모르간티 Giovanna Morganti를 만날 수 있었다. 1990년에 조반나는 키안티 지역에서 유기농법으로 재배한 포도를 이용해 저개입의 전통적이고 장인적인 방식의 와인을 만들었다. 중력의 힘만 빌려 장인적 방식으로 와인을 양조하던 조반나는 키안티 클라시코 Chianti Classico를 만들기 위해 산지오베제와 다른 토착 품종을 사용했다. 그러나 이런 방식으로 양조한 그녀의 와인은 2000년대에 키안티 품질 등급 시음위원회에 의해 자격을 박탈당하고 말았다. 키안티 클라시코의 중심에서 와인을 만들고 있었음에도 키안티 클라시코라는 이름을 사용하지 못하고 지리적 표시 보호 인증인 IGT만 붙여 판매해야 했다.

조반나는 프란체스카의 멘토가 되어 내추럴 와인 생산자 두 명을 소개해 주었다. 바로 1990년대 이탈리아의 전설적 내추럴 와인 생산자인 베네토 지역의 안졸리노 마울레 Angiolino Maule와 프리울리 지역의 스탄코 라디콘 Stanko Radikon이다. 안졸리노와 스탄코는 그 당시 아무도 엄두내지 않는 방식으로 와인을 만들었다. 첨가물이나 화학 성분, 인위적인 온도 조절을 모두 배제하고 오래된 우드 배럴에 장시간 스킨 콘택트한 화이트 와인(오렌지 와인)을 만든 것이다.

두 사람은 프란체스카와 마르게리타가 갖고 있던 와인에 대한 생각을 완전히 바꿔놓았다.

"안졸리노와 스탄코는 진짜 와인의 맛과 만드는 방법을 가르쳐주었어요. 우리는 그들과 같은 방식으로 와인을 만들겠다고 다짐했죠. 불필요한 그 어떤 성분도 저희 와인에 넣고 싶지 않았어요. 저희는 포도밭에서 일할 때 옷에 묻은 그 어떤 성분이 토질에 영향을 줄까 봐 옷도 거의 입지 않아요." 프란체스카의 말이다.

그 후 자매는 프랑스로 가 그곳 내추럴 와인 생산자들을 만나며 경험치를 쌓아갔다. 그리고 그들의 농법과 와인에 대한 신념에서 큰 영감을 받았다. 둘에게 가장 큰 영향을 준 프랑스 와인메이커는 루아르에 위치한 클로 뒤 튀뵈프 Clos du Tue-Bœuf의 티에리 퓌즐라 Thierry Puzelat와 론 지역의 에리크 텍시에 Eric Texier다. 요즘 내추럴 와인계에서 유명한 이들에 대해 "티에리는 완전히 미쳤어요!"라고 프란체스카가 장난스레 말한다. 에리크에 대해서는 '굉장히 똑똑하고 지식이 풍부한 엔지니어'라고 경의를 표한다. 자매는 와인메이커를 찾아다닌 여정을 통해 와인을 만들고자 하는 자신들의 방식에 확신을 가지게 되었다.

"덕분에 목표가 뚜렷해지고 엄청난 에너지를 얻고 돌아왔죠." 프란체스카가 말한다. 이들의 목표는 불필요한 성분을 넣지 않고 와인을 만드는 것.

휴식과 기회

밀라노 출신의 자매는 몬탈치노 지역에서 와인을 만들 수 있게 된 것만으로 운이 좋다 생각한다. 1990년대는 몬탈치노 지역을 포함한 토스카나 와인의 붐이 일어난 때로, 그 지역의 와인 가격이 폭등했다. 인기에 따른 수요를 맞추기 위해 브루넬로 협회 Consorzio del Vino Brunello di Montalcino는 1997년에 등급을 받을 수 있는 자격의 범위를 넓히기로 했고, 그 결과 새로 심은 포도밭이 늘어나게 됐다. 이런 신규 포도밭을 지원하기 위해 유럽연합 펀드가 생기면서 프란체스카와 마르게리타 자매처럼 40세 미만의 젊은 와인메이커들이 막대한 자본 없이 와이너리를 시작할 수 있게 지원을 받은 것이다.

"하늘이 내려준 기회였죠." 프란체스카가 말한다.

자매는 1999년과 2004년 사이, 몬탈치노 지역 남쪽 두 곳에 산지오베제와 카베르네 소비뇽 품종을 심었다.

"초반에는 많은 어려움이 있었어요." 마르게리타가 회상한다. "첫 수확을 한 2003년에는 와이너리를 유지하기 위해 돈을 빌려야만 했죠. 돈을 빌려준 고마운 친구들도 있었고, 또 어머니가 큰 도움을 주셨어요. 이제야 수익이 나기 시작했는데 정말 오랜 시간이 걸렸죠."

고단한 육체노동과 밤낮 없는 작업 시간, 그리고 경제적 어려움에 마르게리타는 번아웃되고 말았다. 2012년까지 와이너리와 포도밭을 총괄한 그녀는 1년 동안 휴식하기 위해 아시아로 떠났다. 그 1년은 일과 삶을 바라보는 그녀의 관점을 완전히 바꿔놓았다.

"그때는 휴식이 필요했어요. 너무 오랫동안 쉬지 않고 와이너리와 밭에서 일만 했으니까요. 여행을 다녀온 게 신의 한 수였어요. 모든 것을 손에 쥐고 있지 않아도 된다는 것을 깨달았고, 일의 우선순위를 세우게 됐죠. 긴장을 늦추는 법도 배웠고요."

여행 후 토스카나로 돌아온 마르게리타는 첫아이를 임신하게 되면서 프란체스카에게 와이너리 일을 이임할 수밖에 없었다. 그리고 첫아이를 출산한 뒤 바로 둘째를 임신했다.

반면 프란체스카는 휴식하기 위해 떠난 마르게리타의 공백으로 큰 타격을 입었다. 자매가 함께 일군 폰테렌차 와이너리의 미래가 마르게리타의 부재로 불투명해진 것만 같았다.

"마르게리타가 떠나기 전까지 가지 말라고 말렸어요. 그 당시 와이너리 상황도, 저희 둘의 관계도 해결해야 할 게 많아 보여서였죠. 첫 포도나무를 심은 지 15년이 지났는데, 그때까지도 와인 시장에서 자리 잡지 못했고, 재정적으로도 불안정했으니까요." 프란체스카가 말한다. "와이너리는 함께 이끌고 운영하는 둘의 프로젝트이지, 저 혼자 감당할 자신이 없었어요. 그러면서 본능적으로 폰테렌차를 온 힘을 다해 지켜야겠다 생각했죠. 가장 소중한 사람을 지키기 위해 싸우는 것처럼, 이곳을 위해 최선을 다했어요. 힘든 시간이었지만 저에게 필요한 과정임을 깨달았죠. 제가 하는 일과 한층 밀접해진 계기가 됐어요."

역할 분담

자매는 역할을 명확하게 나눴다. 프란체스카는 와이너리와 세일즈를 담당하고, 마르게리타는 포도밭과 행정적인 서류 작업을 맡아서 한다. 밭을 일구고, 수확 일정을 조율하고, 유기농 인증을 받기 위한 서류 작업이 마르게리타의 일이다. 그녀는 일하는 방식을 바꿔 전보다 훨씬 적게 일한다. 하지만 워라밸을

지킨다는 것은 자녀를 양육해야 하는 그녀에게 여전히 어려운 일이다.

"제게는 아이들이 제일 중요해요. 가능한 한 많은 시간을 함께 보내고 싶죠. 그러면서도 일을 잘하고 싶어요. 일도 육아도 잘하는 사람이 되기 위해서는 끊임없는 노력이 필요해요."

자매, 그것도 쌍둥이지만 함께 일한다는 것은 그리 쉬운 일이 아니었다. 그 과정에서 그들도 변했고 두 사람의 관계도 바뀌었다.

"쌍둥이기 때문에 늘 가깝고 각별해요. 그런데도 좋은 관계를 유지하기란 쉽지 않았죠." 프란체스카가 말한다.

각자 자기 사업을 하는 것이 더 이상적이었을 거라고 마르게리타가 덧붙인다.

"완벽한 것은 없어요. 할 수만 있었다면 이 사업을 둘로 쪼갰을 거예요. 돈만 있었다면 각자 와이너리를 하나씩 운영했겠죠. 그런데 그건 재정적으로 불가능해요. 우리가 처음 내린 결정에 책임감을 갖고 최선을 다하는 수밖에 없어요."

성격과 장점이 각기 다른 자매는 서로를 보완해 준다. 마르게리타는 사람 상대하는 것을 힘들어하는 반면 프란체스카는 가장 좋아하는 일이다. "저는 사람을 참 좋아해요." 프란체스카가 말한다. "모두와 친구가 되죠. 이런 저런 내추럴 와인 단체에서 만난 사람은 물론 저희가 회원도 아닌 내추럴 와인 협회 '라 르네상스 데 아펠라시옹La Renaissance des Appellations'이나 '비니베리 ViniVeri' 사람들과도 금방 친해졌어요."

유서 깊은 와인 지역에서 아웃사이더로 살다

중세 도시인 몬탈치노의 가파르고 구불구불한 도로를 따라 프란체스카가 운전한다. 도착한 곳은 물류 창고를 개조해 만든 와이너리로, 자매는 이곳에서 와인을 발효하고 병입을 마친 폰테렌차 와인을 숙성시킨다.

자매가 만드는 와인 중 대표적인 것은 우아하고 은은한 브루넬로 디 몬탈치노 Brunello di Montalcino다. 그러나 유럽의 수많은 내추럴 와인메이커들이 시음위원회로부터 듣는 그 말을 자매도 예외 없이 대면해야 했다. DOCG 등급을 부여하기에는 와인 맛이 너무 다르다고. 브루넬로 협회 시음위원회는 파도바니 자매의 브루넬로를 2년 연속 탈락시켰다.

"다섯 명의 시음위원회 심사관은 와인의 결함만 열심히 찾죠. 그들은 하나의 와인을 탈락시켰다고 생각하지만, 그건 사실 저라는 사람을 부정하는 거예요. 제 와인은 곧 저이니까요. 모든 빈티지는 제가 낳은 아이와 같아요. 우리의 일부분이죠." 프란체스카가 말한다. "저희는 남성적이고 타닌이 강한 산지오베제 품종에 감수성을 더하려고 해요. 일일이 손으로 작업하고 토양의 성질을 반영하면서 이 품종 특유의 부드러운 느낌을 끌어올리려 하거든요."

브루넬로 협회가 탈락시킨 폰테렌차의 와인은 다른 컨벤셔널 브루넬로 와인보다 4년이나 더 숙성시켰다. 4년의 숙성 기간 중 2년을 오크 통에 숙성해야 하는 브루넬로 등급 평가 기준과 달리 폰테렌차 브루넬로는 6년을 큰 나무통에 숙성시켜 완성도를 높였는데도 심사를 통과하지 못했다.

"당연히 맛이 다르죠!" 프란체스카가 답답하다는 듯 목소리를 높인다. "휘발성 산이 약간 있기는 해요. 그런데 우리 와인은 다른 상업 와인들과 달리 깨끗하게 만들었어요. 와인은 음료가 아니라 하나의 문화인데 그걸 생각 안 하는 것 같아요."

협회가 세운 까다로운 심사 조건을 충족하고 그들이 예상하는 맛이 나야 한다는 주장은 폰테렌차가 가는 길과 반대된다. 자매는 심사에서 탈락한 후 로마의 다른 시음위원회를 찾아가 공정한 재심사를 요구했다. 그리고 심사관들을 설득하는 데 성공해 DOCG 등급을 받아냈다.

"저희에게 DOCG 등급이 있다는 건 매우 중요해요. 폰테렌차 와인의 가치를 인정받아 정당한 값에 판매할 수 있는데, DOCG 지위를 잃으면 와인 가격을 내려야 하거든요."

자매가 내추럴 방식으로 와인을 만드는 것은 돈을 벌기 위해서가 아니다. 다만 그들의 신념에 따라 와인을 만들기 위해서는 그만한 자금이 필요한 것뿐이다. 더군다나 폰테렌차에서는 와인을 10년까지 숙성시키기 때문에 이를 유지할 예산도 필요하다.

"저희는 버는 족족 다시 포도밭과 양조에 투자하고 있어요." 프란체스카가 말한다.

그러나 자매가 지속적으로 부딪히는 브루넬로 협회 시음위원회의 벽이 과연 허물어질지 걱정된다. 장인적 방식으로 만드는 폰테렌차의 브루넬로 디 몬탈치노가 점점 더 까다로워지는 시음위원회의 조건을 충족할 날이 올까? 파도바니 자매는 브루넬로 디 몬탈치노가 명망 있는 와인으로 인정받을 때까지 끊임없이 두드릴 것이라고 말하면서, 와인을 만들기 위해 세운 철학을 절대 굽히지 않겠다고 강조한다. 프란체스카야말로 새로운 것을 실험하고 경험하는 것을 즐기는 사람이라 하니 다소 걱정이 사라진다.

"와인을 만드는 데 특별한 규칙을 따르진 않아요. 더 엄격한 규칙을 세워놓았다면 달랐을까 싶지만, 저는 그런 틀 안에서 일하기는 힘들 것 같아요. 새로운 것을 실험하고 색다른 양조법을 시도하는 것을 즐기죠. 요즘은 펫낫을 만들기 위해 몇 가지 시도 중인데, 이런 재미가 있어야 일할 맛이 나죠!" 프란체스카가 웃으며 자신의 티셔츠에 새겨진 '아이 러브 펫낫'이라는 문구를 가리킨다.

몬탈치노 지역에서 바이오다이내믹 농법으로 포도를 재배하고 양조 과정에서 로-인터벤션 방식을 따르는 와인메이커는 손에 꼽을 정도로 적다. 와인이 어때야 하는지, 어떻게 만드는지에 대한 생각을 그 누구도 나누려 하지 않기 때문이다. 프란체스카는 지역의 아웃사이더라는 느낌을 떨쳐내기 위해 친구이자 저널리스트인 마르코 아르투리 Marco Arturi와 함께 매년 여름 몬탈치노에서 '투토 인 운 소르소 Tutto in un Sorso'라는 내추럴 와인 페어를 개최한다.

"몬탈치노 지역 사람들에게 제 와인 세계와 와인 철학을 보여주고 싶어서 페어를 열었어요. 내추럴 와인을 이해하는 사람들 간의 강한 이끌림과 소통 방식을 보여주고 싶기도 했고요. 몬탈치노에서는 그런 소통이 부족해요. 몇몇 사람을 빼면 거의 남남처럼 사는 데 익숙하거든요."

화이트 와인 애호가

폰테렌차 와이너리의 커다란 플라스틱 통 안에서는 포도가 껍질째 발효되고 있다. 프란체스카는 절반 정도 발효된 산지오베제 한 알을 입에 넣더니 만족스러운 듯 고개를 끄덕인다.

"맛이 아주 좋아요."

한 입 먹어보니 신 체리와 레몬이 만나 산미가 폭발하는 맛이다.

프란체스카와 마르게리타는 4헥타르가 조금 넘는 2개의 밭에서 산지오베제 품종을 재배하고 있다. 그중 1헥타르 크기의 밭에선 새로 심은 화이트 품종 포도나무를 키우고 있다. 각각의 밭에서 수확한 포도는 따로 양조하고, 수확부터 줄기를 분리하는 등 모든 작업을 직접 손으로 한다. 프란체스카가 그 과정을 보여주었는데, 플라스틱 통 위에 구멍이 난 낡은 우드 트레이를 올려놓는다.

"포도를 껍질째 발효시켜요. 이렇게 하면 과일 향이 올라가고 타닌은 사그라지죠. 산지오베제 자체에 타닌이 워낙 많기 때문에 좀 눌러줄 필요가 있어요." 프란체스카가 설명한다.

자매는 브루넬로 디 몬탈치노 같은 묵직한 와인 외에도 편하게 마실 수 있는 와인도 즐기기 때문에 산지오베제 품종으로 가벼운 레드 퀴베인 페티로소 Pettirosso와 로제인 로사 Rosa를 만든다. 또 다양한 토착 화이트 품종을 섞어 경쾌한 화이트 와인도 선보인다. 레드 품종이 각광받는 지역에 살고 있지만 프란체스카는 화이트를 선호한다.

그녀는 "열 번 중 일곱 번은 화이트를 마셔요. 그리고 양조하는 입장에서 화이트 만드는 과정이 더 재밌어요"라고 말한다. "하지만 저희 지역에서 와인을 만든다면 인기 있는 레드에 집중해야죠. 매달 나가는 경비를 감당하려면요."

하지만 실험하는 것보다 더 중요한 것은 그해 농사지은 포도와 토양을 이해

하고, 어떻게 하면 와인으로 가장 잘 표현할까 끊임없이 고민하는 자세다.

"저희에게 필요한 모든 것은 이 포도 속에, 포도가 자란 자연 속에 다 있어요. 제 목표는 사람들이 즐겨 마실 수 있는 좋은 와인을 만드는 거예요. 스스로에게 엄격하기 때문에 항상 배우고 또 배울 자세가 되어 있죠." 프란체스카가 비장하게 말한다.

프란체스카의 짧은 손톱은 와인으로 물들어 있는데, 손만 봐도 어떤 일을 하는 사람인지 알 수 있다. 하지만 프란체스카는 자신을 와인메이커라 칭하지 않는다.

"그 단어가 싫어요." 양조장의 숙성 통 사이에 서서 그녀가 말한다. "와인은 제가 얻는 결과물이지 제가 만들어낸다고 생각하지 않아요. 저는 항상 와인을 이해하려 해요. 온 마음을 다해 믿음을 줘야 하죠."

루아르에 있는 티에리 퓌즐라의 말처럼, 와인메이커는 결코 무언가를 창조하는 사람이 아니다. 포도와 땅을 지배하는 것이 아니라 스스로를 표현할 수

있도록 도와주는 사람이자 토양을 지키는 사람이다. 그렇다고 아무것도 하지 않고 저절로 되기를 기다린다는 것은 아니다. 그녀는 항상 냄새를 맡아보고, 테이스팅해 보고, 와인이 하려는 말을 이해하려고 쉬지 않고 일한다.

"항상 발효 과정을 지켜봐야 해요. 어떤 숙성 통은 다른 것보다 더 시간이 필요할 수도 있거든요. 어떤 날은 발효 중인 와인을 하루 종일 테이스팅해 봐요. 또 어떤 때는 후각으로만 판단하고요. 제 기분에 따라, 발효되고 있는 와인에 따라 즉흥적으로 결정해요. 필요하면 숙성 통의 위치를 옮기기도 하고, 온도가 낮은 것 같으면 히터를 조금 켜고요. 그런데 그 어떤 과정에서도 무언가를 첨가하지 않고, 발효되고 있는 와인에서 아무것도 빼내지 않아요. 효모든, 정제든, 필터링이든 전혀 안 해요. 숙성되는 과정을 잘 지켜보고 있다가 언제 병입할지 결정해야 하죠."

타이밍이 중요하다. 파도바니 자매의 세계에서는 와인에 스트레스를 주는 일은 허용되지 않는다. 프란체스카는 모든 계절을 겪어봐야 좋은 와인이 완성된다고 믿는다. 와인은 살아 있는 개체이기 때문에 계절의 변화에 많은 영향을 받기 때문이다.

"병입하기 전에 최소 1년은 숙성시키려고 해요. 그래야 사계절이 녹아드니까요. 그렇지 않으면 와인이 불안정하고 문제점이 나타날 거예요."

유기농 농부의 꿈

몬탈치노는 포도밭과 숲, 습지대, 초지와 올리브나무가 있는 언덕 지형이다. 다른 지역과 비교했을 때 훨씬 다채로운 풍경이 펼쳐지는데, 전체의 15%만 포도밭이고 50%는 훼손되지 않은 땅이다. 남쪽에는 사화산인 아미아타산Monte Amiata이 감싸고 있어 키안티 클라시코보다 더 따뜻하고 건조해 기후적으로 좋은 조건을 갖췄다. 또 서쪽으로 불과 몇 킬로미터만 가면 지중해가 있어 청량한 바닷바람이 불어오는데, 이는 살균제 사용을 최소화할 수 있게 도와준다. 유기농법으로 포도를 재배하는 사람에게는 꿈같은 최상의 지리적 조건이다.

그럼에도 몬탈치노 지역에서 유기농이나 바이오다이내믹 농법으로 포도를 기르는 밭은 고작 다섯 곳뿐이다. 이탈리아 전체 와이너리 중에서는 16.6%밖에 안 되는 것이 현실이다.

"몬탈치노에서는 마음만 먹으면 유기농법으로 재배가 가능해요." 프란체스카가 말한다. "게다가 DOCG 등급을 받아 와인의 가치를 높일 수 있는 지역에 살기 때문에 와인 생산자 입장에서는 축복받은 곳이죠."

쌍둥이 자매는 기후 조건이 최상이고 다채로운 자연환경이 주어진 이곳에서 포도를 재배하고 와인을 만드는 것이 큰 복이라 생각한다. 두 사람은 거의 처음부터 바이오다이내믹 농법으로 포도를 길렀다.

"다른 포도밭에서 일했을 때 화학제품을 사용한 적이 있는데, 다시는 쓰고 싶지 않았어요." 마르게리타가 말한다. "저희가 키우는 올리브나무가 잘 자라지 못했을 때 분명 다른 방법이 있을 거라 생각했어요. 바이오다이내믹 관련 수업을 듣고 포도나무는 물론 올리브나무도 재배 방법을 바꿨죠."

몬탈치노는 풍경이 다채로운 반면 포도밭에는 포도 외에 그 어떤 것도 심어서는 안 된다. 1960년대에 브루넬로 디 몬탈치노 DOC가 생긴 이래 소작을 허용하지 않고 단일 재배만 가능하다. 단일 재배의 가장 큰 단점은 땅에 사는 생물 개체가 제한되어 균형 잡히고 건강한 생태계를 돕는 자연적 포식자가 부족해 작물이 병들 수 있다는 것이다. 프란체스카는 포도나무와 함께 다른 나무들을 심어 토양 미생물을 늘릴 수 있는 날이 오기를 희망한다. 특히 5헥타르밖에 되지 않는 포도밭은 여러모로 제한적이다.

"단일 재배는 논란이 많아요." 프란체스카가 말한다. "하지만 와인을 만드는 것 자체가 단일 재배에 해당한다고 생각할 수 있죠. 받아들여야 해요. 다른 작물도 식재할 수 있으면 좋을 텐데 말이죠."

와인에 무엇이 들어 있는지 안다면
바이오다이내믹 농법으로 포도를 재배하는 것이 자매에게는 당연한 일이지만 인증을 받는 것은 그렇지 않다. 현재 폰테렌차 와인은 유기농 인증을 받았지만 얼마나 더 유지할 수 있을지 알 수 없다.

"인증 기관과 말이 안 통해서 상대하기 싫어요. 그래서 더 이상 유기농 인증을 받고 싶지도 않죠. 서류 작업만 하면 된다고 세뇌하며 버티고 있어요." 마르게리타가 말한다. "유기농 인증 규정에는 노균병을 해결하기 위해 구리를 헥타르당 4킬로그램까지 허용해요. 말도 안 되는 양을 허용하는 거죠! 저희는 항상 극소량만 사용하고, 밭에 필 수 있는 곰팡이를 자연적으로 예방하기 위해 겨자를 심어놔요."

유럽에서 흰곰팡이가 번지던 1880년대부터 황산구리가 상용화되었다. 하지만 황산구리는 독성이 강하고 흙에 잔류하기 때문에 지하수를 오염시키고 토양의 미생물을 감소시킨다. 그런데도 유기농을 인증해 주는 그 푸른 잎 로고를 달기만 하면 유기농법으로 포도를 재배했다고 인정받아 와이너리들이 앞다투어 신청한다. 유기농 인증을 받으면 유기농 와인 점유율이 25%에 달하는 노르웨이와 스웨덴의 와인 시장에 진출하는 프리패스를 얻을 수 있다고 생각해서다.

마르게리타에 의하면 규제가 느슨한 황산구리 사용량이 문제가 아니다. 포도 재배는 유기농으로 했을지언정 와인을 양조하는 과정에서 수많은 첨가물을 넣은 와인이 유기농으로 둔갑하는 게 더 큰 문제다. 첨가물은 물론 필터링, 정제, 역삼투압, 고온 처리 같은 수많은 거친 방법을 사용해도 말이다. 게다가 유럽연합은 유기농 와인 인증 시 45가지 첨가물과 가공물을 허용한다. 이런 것들을 허용하는 기관 때문에 정직하게 만든 내추럴 와인까지 폄하되는 기분이라고 마르게리타는 말한다.

"수많은 첨가물을 사용하는 다른 유기농 와인 생산자와 똑같은 취급을 받고 싶지 않아요. 우리는 절대 그렇게 와인을 만들지 않는데, 단지 포도를 유기농으로 재배했다고 그들과 우리가 같다고 생각하는 게 말이 되나요?" 마르게리타가 의문을 던진다. "와인에 뭐가 들어갔는지 라벨에 정확하게 기입해야 해요. 사람들은 자신이 마시는 와인에 쓰레기 같은 성분이 얼마나 많이 들어갔는지 알면 생각이 달라질 거예요!"

마르게리타 외에도 많은 생산자가 와인에 들어간 모든 성분을 라벨에 표기해야 한다고 생각한다. 시중에 판매되는 식품들이 그러하듯이 말이다. 식품과 음료는 들어간 재료를 정확히 표기해야 하는 반면, 와인에는 아직도 그런 규정이 없다. 그래서 프랑스에서는 첫 내추럴 와인 품질 인증 제도인 '뱅 메토드 나튀르 _Vin Méthode Nature_'가 탄생했다. 이 인증 등급을 받기 위해서는 포도를 유기농법 혹은 바이오다이내믹 농법으로 재배해야 하며, 병입 시 극소량의 이산화황을 제외하고는 그 어떤 첨가물도 넣어서는 안 된다.

하지만 이산화황은 양조 과정에서만 아니라 포도밭에도 흔히 사용된다.

"저희도 흰가룻병을 물리치기 위해 황산과 벤토나이트를 사용해요. 하지만 곤충을 살짝 자극하는 정도로 극소량만 쓰죠. 대신 말린 미역 사용을 병행해 자연 퇴치 효과를 높여요." 마르게리타가 설명한다.

마르게리타는 바이오다이내믹 농법과 손으로 작업하는 것은 연결되어 있다고 생각한다. 포도를 직접 따고 만지며 작업해야 흙을 관찰하고 상태를 확인할 수 있다고. 덕분에 땅이나 포도에 필요한 게 있다면 즉각적으로 조치를 취해 골든 타임을 놓치지 않는다.

"처음에는 기계 살 돈이 없어서 직접 손으로 작업했어요. 그런데 흙을 만지기 시작하면서 땅에 대한 이해도가 완전히 바뀌었죠. 기계로 작업했다면 얻을 수 없는 값진 깨달음이에요."

포도밭에는 다양한 종류의 자연 퇴비를 사용하고 1년에 두 번 소두엄(500번 프레파라트)을 뿌려 지력을 높인다. 그 결과는 명확하다고 폰테렌차 셀러 밖 암탉들 사이에 선 마르게리타가 확신에 차 말한다.

"지렁이가 얼마나 많은지 포도밭에 서식하는 새들이 포도를 먹지 않아요. 지렁이를 잡아먹죠. 지렁이가 많다는 것은 땅이 얼마나 건강한지 말해줘요. 포도

덩굴이 타고 올라가도록 만든 구조물이 금방 녹슬더라고요. 그만큼 땅이 살아 숨 쉬고 미생물이 많다는 거죠." 마르게리타가 말한다.

이제는 즐길 수 있다

콜레 지역의 산탄젤로 마을 꼭대기 광장에 점심시간이 찾아왔다. 곡선을 이루는 토스카나의 언덕에 둘러싸인 레스토랑 일 포초II Pozzo에서는 얇게 썬 포르치니 버섯과 올리브 오일, 그리고 버섯 파스타를 서빙해 준다. 밀라노 출신 쌍둥이 자매가 왜 이곳으로 이주하기로 결심했는지 이해가 됐다.

"이곳의 라이프스타일을 정말 좋아해요." 마르게리타가 말한다. "처음 왔을 때보다 이제 훨씬 더 즐길 수 있죠. 이 지역 사람들이 우리가 하는 일을 인정해 주기 시작했어요. 점점 수입이 좋아진 덕분에 시멘트 탱크를 살 여유가 생겼고 직원도 더 많이 고용할 수 있게 됐죠."

20년이 지난 지금, 많은 것이 변했지만 쌍둥이 자매가 특히 변했다. 그럼에도 이들은 멘토를 찾아 나선 여행에서 돌아왔을 때와 똑같은 목표를 갖고 산다. 토양을 있는 그대로, 가장 깨끗하게 와인에 녹아들게 하는 것. 그리고 와인 메이커로서 정직하게 와인을 만드는 것.

"손으로 일일이 작업하는 것은 꽤 힘든 일이죠. 그럼에도 우리가 가장 고집하는 부분이에요." 마르게리타가 말한다. "저희가 하는 일은 공예에 가까워요. 이 방식을 지켜나가면서 돈도 벌고, 일석이조인 셈이에요."

마지막으로 프란체스카가 덧붙인다.

"우리가 하는 일은 돈으로 환산할 수 없어요. 그래서 이 일에 대한 애착이 매우 큽니다. 저는 일할 때 창의력을 최대한 발휘하고 질 좋은 삶을 살려고 해요. 돈 버는 것은 완전히 다른 얘기예요. 우리는 클래식한, 상업적인 와인은 만들지 않아요. 대신 미래를, 미래의 땅을 보존하기 위한 일을 하는 거예요."

유타 암브로지치
JUTTA AMBROSISTCH

와인메이커가 된 건
가장 잘한 일이에요

그래픽 디자이너였던 유타 암브로지치는 오스트리아 수도 한복판에서 와인을 만드는 사람이 되었다. 그녀는 와인을 사랑하고, 야외에서 보내는 시간을 즐기는 것은 물론 동물과 자연에 대한 애정이 남다르다. 하지만 여전히 도시가 좋다. 시골에서 자라 도시에 대한 로망이 있던 그녀는 빈을 떠나고 싶지 않았다. 2004년 빈 변두리에서 리슬링을 키울 작은 공간을 임차하게 됐을 때 자신이 가장 좋아하는 것들을 한 번에 할 기회가 생겼다. 그렇게 본업을 그만두고 와인을 만들기 시작했다. 그녀는 포도를 유기농으로 재배하는데, 더 쉬운 농법이 있더라도 타협하지 않는다. 하지만 유기농 인증을 받는 건 유타처럼 소규모로 와인을 생산하는 사람에게는 불필요하고 과도한 서류 작업의 연속이라 그저 버겁게 느껴지기만 한다.

"와인메이커로 직업을 바꾼 건 제가 살면서 가장 잘한 일이에요."

유타는 빈Wien을 둘러싼 북쪽 언덕의 좁은 길을 운전해 4헥타르 크기의 포도밭으로 우리를 데려갔다. 그녀의 원래 직업은 그래픽 디자이너였다. 항상 다른 일을 갈망하던 유타는 2004년 일을 과감하게 그만두고 와인을 만들기 시작했다.

"손을 직접 쓰고 싶었어요. 그래픽 디자인에 대한 애정이 크지만 더 이상 하고 싶은 일은 아니었죠. 더 의미 있는 일을 하고 싶었어요. 채소를 심고 농사를 지었을 수도 있지만, 포도가 자라는 풍경이 유독 좋았어요. 그리고 이제 저는 도시 여자랍니다."

빈은 와인 생산지로 잘 알려지지 않았지만 와인메이킹 역사가 꽤 긴 편이다. 12세기부터 도시를 둘러싼 언덕에서는 포도나무가 자랐다. 독특하게도 전 세계에서 유일하게 도심에 포도밭이 있는 곳이다.

유타는 성인이 된 후 시골에 사는 것을 생각해 본 적이 없다. 더 이상 시골 생활을 하고 싶지 않아서다. 도시에서 멀리 떨어진 남부르겐란트Südburgenland에서 자란 그녀는 산림 관리원인 부모 덕에 숲에 둘러싸여 유년 시절을 보냈다. 1990년대부터 빈으로 거처를 옮겨 도시 생활을 시작했는데, 이곳에서 경험한 세련된 음식과 문화, 연극, 시티 라이프에 매료돼 이제 도시 밖의 삶은 상상할 수 없다. 남부르겐란트에서 레드 와인을 실험 삼아 만들어본 유타는 빈의 도심 속 와인메이커가 되기로 결심했다. 그리고 운 좋게도 작은 포도밭을 임차할 수 있었다. 덕분에 자연에서 일하면서 동시에 도시에 살 수 있게 된 것이다. 유타에게 이 모든 것은 완벽한 조화로 여겨진다.

"손을 사용하는 일을 하고 야외에서 시간을 보낼 수 있다는 건 제게 가장 의미 있는 일이에요." 유타가 말한다. "저와 제 주변을 위한 최적의 조건이죠."

미니멀한 접근법

그녀는 어렵게 직업을 바꿨기에 새로운 일에 진심을 다하기로 다짐했다. 대신 싫은 일은 하지 않기로 했는데, 특히 아무것도 소유하지 않기로 결심했다. 포도밭은 임차하고, 양조할 개인 와이너리가 없어 발효와 숙성할 통을 페터 베른라이터Peter Bernreiter와 라이너 크리스트Rainer Christ, 요하네스 게베스후버Johannes Gebeshuber라는 세 명의 와인메이커에게 빌려 쓴다. 미국에는 이처럼 포도밭과 장비를 대여해 와인을 만드는 '버추얼 와인메이커'가 있지만, 유럽에서는 보기 드문 방식이다. 하지만 유타가 하는 일을 정의하는 데 걸림돌이 되진 않는다. 그녀는 자신을 양조자보다 포도를 재배하는 사람에 더 가깝다고 생각한다. 실제로 와이너리에서 양조하는 과정을 그리 좋아하지 않는다고. 오히려 포도밭에서 일하는 걸 더 즐긴다.

유타 암브로지치

위치 오스트리아 빈
설립 연도 2004년(포도밭은 임차하고 다른 생산자들의 양조장에서 와인 양조)
직원 없음(남편 마르코의 일부 도움 외 유타 혼자 풀타임 근무)
와이너리 규모 도나우강 양쪽에 10개 구획으로 분포되어 4헥타르 운영. 1952~1972년에 심은 올드 바인이 대부분
농법 유기농
생산량 25,000병
품종 리슬링과 그뤼너 펠틀리너 싱글 빈야드 3분의 1, 나머지 3분의 2는 필드 블렌드로 리슬링, 그뤼너 펠틀리너, 소비뇽 블랑, 샤르도네, 지에르판들러, 벨슈리슬링, 프뤼로터 펠틀리너, 블라우프랜키쉬, 츠바이겔트, 장크트라우렌트, 메를로 외 희귀 화이트 품종으로 구성.
추천 와인 우토피 Utopie, 레비지온 Revision, 유타가 만든 게미슈터 자츠 와인[레드 와인 라케테 Rakete, 화이트 와인 잔스 Sans·자텔리트 Satellit·링겔슈필 Ringelspiel]

"양조장에서 보내는 시간이 즐겁지 않아요. 특히 아직 완성되지 않은 와인을 끊임없이 테이스팅해야 할 때는 더 그래요." 유타가 미소 지으며 말한다. 어떤 와인은 건드리지도 않은 채 6개월에서 1년을 탱크 속에 그대로 둔다. 그녀가 확인하는 순간에 완성됐다면 그때 병입한다.

초반에는 독일산 리슬링과 가장 흡사한 와인을 만드는 게 목표였다. 그러나 독일을 방문하고는 그게 불가능한 일임을 깨달았다. 빈의 토질과 기온은 독일과는 완전히 다르기 때문이다. 그래서 2012년부터는 한층 더 실험적이고 재미있게 와인을 만들어보기로 했다. 블렌드 탱크 통도 사용해 보고, 숙성 중인 와인을 더 오래 '내버려두고', 처음엔 용납할 수 없었던 실수들도 받아들이며 차근차근 배워가기로 했다.

"일을 대하는 마음가짐을 바꿨더니 훨씬 편해졌어요. 우리 집 강아지도 더 행복해 보이고요." 유타가 말한다.

빈에 사는 외로운 늑대

유타는 자신의 포도밭을 보여주기 위해 빈 교외에 위치한 라이젠베르크 Reisenberg로 우리를 데려갔다. 그림 같다는 표현으로는 부족할 정도로 아름다운 광경이다. 로맨틱한 데다 풍요롭고, 조용하기까지 하다. 가파른 언덕 위에 위치한 포도밭 뒤로 도시의 부산스러운 소리가 희미하게 들려온다.

유타는 빈의 다른 와인 생산자와는 사뭇 다르다. 아웃사이더 느낌까지 난다. 정식으로 포도 재배학이나 양조학을 배우지 않은 그래픽 디자이너 출신이기 때문이 아니라 다른 사람과의 교류를 최소화하는 프라이빗한 사람이어서다. 빈은 고사하고 오스트리아의 와인메이커 단체에 소속된 적이 없는 유타는 다른 내추럴 와인 생산자들과도 어울리려 하지 않는다.

"2008년 오스트리아 여성 와인메이커 모임에 가입하긴 했는데, 거기라고 소속감이 느껴지는 건 아니에요. 저는 공동체 안에서 편안함을 느끼는 사람이 아닌 것 같아요. 그래서 더 참여를 안 하죠."

유타가 말하는 여성 와인메이커 모임의 이름은 '11명의 여성과 그들의 와인 11 Frauen und Ihre Weine'이다. 2000년에 비르기트 브라운슈타인 Birgit Braunstein이 시작한 이 모임은 서로를 서포트하고 필요할 때 조언을 해주기 위해 운영되고 있다. 요즘 골스 Gols 지역 출신으로 유명해진 내추럴 와인메이커 유디트 베크 Judith Beck도 이 모임 멤버다.

"저는 가지치기하는 것을 참 좋아해요. 1월에 홀로 조용한 포도밭에서 가지치기를 하고 있으면 마음이 편안해지죠. 가끔 여우와 사슴도 볼 수 있어요. 반면 무더운 여름은 감당하기 가장 힘든 계절이에요. 그때는 아예 아침 6시에 나와 일해요."

말하지 않아도 유타는 사람보다 동물을 더 좋아하는 게 느껴진다. 매년 사슴 같은 야생동물이 재배 중인 포도를 먹는 바람에 5~10% 손실을 입어도 유타는 개의치 않는다. 숲에 둘러싸인 포도밭에서는 받아들여야 하는 일이라고.

그러나 와인계의 아웃사이더인 건 가끔 문제가 되기도 한다. 그녀가 처음 시작할 때 도움을 준 사람들이 지금은 등을 돌린 상태다. 젊은 여자인 데다, 점점 훌륭한 와인을 만들다 보니 몇몇에게는 위협이 된 것이다. 게다가 유타는 할 말을 다 하고 산다. 자신의 생각을 거침없이 말해 사람들을 불편하게 만들기도 한다. 성격대로 행동했다고 해서 위협적이라고 생각하는 게 안타까운 현실이다. 유타의 와인을 생각하면 바로 떠오르는 대표적인 제품이 없어 그녀가 어떤 스타일의 와인을 만드는지 분류하기가 어렵다. 더구나 지극히 개인적인 성격이라 남들이 그녀를 이해하기가 쉽지 않을 것이다.

"저는 제 방식대로 해요. 그렇지만 수확과 발효, 숙성 과정에서 다른 사람의 도움을 받아야 하기 때문에 남들과 다르다는 편견이 생긴 게 아쉽기는 해요. 처음 몇 해 동안 와인을 만들던 양조장이 갑자기 등을 돌리는 바람에 양조할 곳을 잃고 말았어요. 급히 다른 곳을 찾아야 했는데, 그때는 많이 당황스러웠죠. 지금은 협업이 잘되는 공간에서 와인을 만들 수 있어 마음이 편해요."

살기 위해 유기농을 택하다

유타의 포도밭이 위치한 라이젠베르크 지역 언덕 꼭대기에 가서 그녀가 키우는 그뤼너 펠틀리너^{Grüner Veltliner} 품종이 자라는 곳을 바라봤다. 유타가 작은 창고를 가리키며 남편과 '샤토 암브로지치^{Château Ambrositsch}'라 농담처럼 부르는 곳이라고 알려준다. 유타는 매사에 유난 떨지 않으려 한다. 그런 그녀가 살충제도, 제초제도, 화학비료도 사용하지 않는 유기농법으로 포도를 재배하는 이유는 간단하다.

"저에겐 다른 방법이 없어요. 저는 매일 이곳에 와서 일하고, 제 반려견이 밭을 하루 종일 뛰어다녀요. 화학 약품 때문에 병들고 싶지 않아요. 저나 제 강아지 둘 다요." 그러고는 덧붙인다. "게다가 저는 30년간 채식을 했어요. 동물과 식물을 절대 해칠 수 없죠."

빈에서는 전체 포도밭의 36% 넘게 유기농법으로 포도를 재배한다. 빈시는 유기농법으로 포도 재배 방법을 바꾸면 특혜를 주기도 한다. 유타는 처음부터 유기농법으로 재배하기 시작했지만, 전문가의 도움으로 바이오다이내믹 농법도 몇 년간 시도했다. 그러나 함께하던 전문가가 떠나게 되자 혼자 하기에는 지식과 시간이 부족해 바이오다이내믹 농법을 접고 유기농으로 돌아갔다. 처음부터 유기농법을 고집했지만 여전히 유기농 인증은 받지 못했다. 인증을 받기 위해서는 흰곰팡이를 예방하기 위한 구리와 황의 사용 농도를 보고해야 하고, 밭에 살충제와 제초제를 사용하지 않았음을 증명하는 수많은 서류를 제출해야 한다.

"저처럼 포도 재배량이 적은 사람에게 너무 과도한 규제이자 행정적 절차예요." 유타가 답답하다는 듯 말한다. "그래도 저는 유기농 인증 규정에서 허용하는 양인 4킬로그램보다 구리를 훨씬 적게 써요. 1헥타르당 최대 1~2킬로그램까지만 사용하니까요. 제 밭은 순환이 잘돼 자연적으로 해결돼요."

바람과 공기의 원활한 순환은 흰곰팡이와 부패될 위험을 줄여주는 것은 물론 불필요한 농약 사용을 최소화할 수 있는 가장 중요한 자연의 힘이다. 유타는 매일 밭에 나가기 때문에 포도가 병이 드는 조짐이 보이면 바로 조치를 취할 수 있어 다행이라 생각한다.

유타의 포도밭은 임차하기 전부터 오랫동안 살충제와 제초제를 사용하지 않

아 건강한 땅이었다. 그 안에 올드 바인이 있는 경우가 많은데, 가장 오래된 포도나무는 1948년과 1952년에 심은 것이다. 그녀가 보여준 그뤼너 펠틀리너 품종이 자라는 밭에는 1962년에 심은 나무도 있다. 빈에서는 포도밭 소유주가 밭을 관리하고 유지하는 것이 의무다. 그래야 빈의 와인 문화를 지키고 부동산 투기를 막을 수 있기 때문이다. 따라서 빈에서 포도밭을 소유한다는 것은 많은 책임감과 일이 뒤따른다.

"다수의 포도밭 주인들이 더 이상 빈에서 와인을 만들지 않아요." 유타가 설명한다. "포도를 관리할 시간이 없기도 하고, 있더라도 손이 너무 많이 가거든요. 농업과는 아예 반대되는 도시인의 삶을 사는 사람들이라 더 힘들 거예요. 그럼에도 밭을 매도하는 경우는 드물어요. 오히려 저처럼 임차할 사람을 찾죠."

그녀가 일구는 포도밭은 천천히, 점차적으로 늘었다. 2005년에 처음 대여한 리슬링 나무 열세 이랑부터 현재 관리하는 10개의 각기 다른 밭까지 구체적으로 계획을 세우고 늘려간 것은 아니다.

"처음 리슬링 나무가 심긴 포도밭을 임차한 건 행운이었어요. 물론 주인이 마음을 바꿔 돌려줘야 했지만요." 유타는 라이젠베르크에 위치한 자신의 예전 포도밭을 우수에 젖은 눈빛으로 바라본다. 지금은 사용하지 못하지만 바로 옆에 현재 키우고 있는 그뤼너 펠틀리너 밭이 있다.

다행히 그 뒤에 새로운 밭을 빌릴 수 있었다. 포도밭을 임대하고자 하는 사람들이 유타의 연락처를 어떻게 알고 먼저 연락을 준 것이다. 오스트리아는 상속세 때문에 밭이 하나더라도 자녀들에게 공평하게 나눠줘야 한다(프랑스도 나폴레옹법전에 포함된 상속세법 때문에 다음 세대가 포도밭을 물려받는 데 문제가 많다). 그래서 연결된 밭이지만 소유주가 달라 일부분만 임차해서 사용할 수밖에 없고, 그 결과 밭 하나에서 수확할 수 있는 포도가 적다. 그런 이유로 유타는 무켄탈Muckental에 여덟 이랑, 라이젠베르크에 열두 이랑, 로젠가르틀Rosengartl에 여덟 이랑 등 여기저기 흩어진 밭에서 포도를 키운다. 밭은 제곱미터 단위로 임차료를 내고, 25~30년간 임차 계약을 한다. 그나마 단기 임차가 아니라 앞날을 계획할 수 있다.

유타는 라이젠베르크 밭의 그뤼너 펠틀리너 나무 사이에 풀과 완두콩을 심었다. 이렇게 하면 흙을 입단화하지 않아 부식을 막고 미생물을 늘릴 수 있다. 수확 전에 유타는 피복작물을 제거해 포도를 수월하게 딸 수 있도록 미리 작업해 놓는다. 원래는 나무 사이에 겨자를 키워 흙을 숨 쉬게 해 토양 전염병을 예방했는데 이제는 완두콩을 대신 심어놓았다.

"완두콩은 땅에 훨씬 이로워요. 땅의 영양분을 빼앗아가지 않으면서 오히려 공급해 주거든요."

엉망이던 와인이 재탄생하다

뜨겁게 내리쬐는 오후 햇살이 누스베르크Nussberg에 위치한 유타의 가파른 로젠가르틀 밭을 황홀하게 비춘다. 이곳은 빈 북쪽 끝에 위치한다. 남향의 포도밭은 석회석 경사면 중앙에 자리해 아마도 빈에서 이만한 곳은 또 없을 것이다. 이곳에서 유타의 우토피 퀴베에 사용할 리슬링이 자라고 있는데, 10월 둘째 주가 된 현시점에도 아직 수확을 하지 않았다. 그녀는 몇 주 더 두겠다고 한다.

"올해에는 더 잘 익은 과실 향이 나는 와인을 만들려고 해요. 기온이 뚝 떨어지고 밤공기가 차면 포도가 더 이상 달아지지 않고 아로마만 깊어지거든요."

유타가 원하고 즐기는 와인을 만들기까지 기나긴 여정이었다. 와인 양조 지식이 없는 상태에서 이 일에 뛰어들었을 때는 실패와 실수를 감수해야 했다. 그래서 처음에는 작게 시작했고, 밭을 사지 않고 임차했으며, 양조하기 위한 장비나 경작용 트랙터도 빌려 쓰면서 경제적 안정을 도모했다. 초보 와인메이커가 초창기에 적자를 면할 수 있었던 그녀만의 노하우다.

유타의 첫 빈티지는 엉망이었다. 0.25헥타르 크기의 밭 열세 이랑에서 자란 리슬링을 손으로 수확해 만든 와인은 잔당이 30그램 생겼을 때 발효를 멈췄다. 유타에게는 650리터의 세미스위트 와인이 남겨졌다. 아직 발효에 대한 공부가 부족한 데다 포도를 너무 늦게 수확해 당을 많이 머금고 있는 상태였다. 남부 르겐란트에서 블라우프랜키쉬 ^{Blaufränkisch} 레드 품종으로 와인을 만든 경험만 갖고 리슬링을 만만하게 본 게 실수였다.

"그 당시엔 효모를 더할 수 있다고는 생각 못 했어요." 그녀가 미소 짓는다. "아무도 제 세미스위트 와인을 원하지 않아 아직도 셀러에 몇 병 남아 있죠. 본의 아니게 긴 시간 숙성시켜 이제 마셔보니 정말 훌륭하게 변했더라고요."

실패한 첫 빈티지 후엔 더 이상 실수하지 않으려 많은 걸 배우게 됐고, 다른 와인 생산자들과 소통하며 방향을 잡아갔다. 그중 그녀에게 가장 영향을 많이 준 생산자는 부르겐란트 골스 지역에서 와인을 만드는 한스 니트나우스^{Hans Nittnaus}다. 한스는 골스의 혁신적 내추럴 와인 생산자 단체 '판노빌레^{Pannobile}'의 일원으로, 바이오다이내믹 농법으로 재배하고 로-인터벤션 양조법을 실천한다. 그는 인근 노이지들러^{Neusiedler} 호수에서 영향을 받은 토양과 테루아를 그대로 와인에 반영하고자 한다.

"한스는 제가 그의 밭에서 작업하게 해주고, 또 셀러에서 양조하는 과정을 보여주며 많은 영감을 줬어요. 한스가 와인 만드는 방법을 닮고 싶어요." 유타가 말한다.

유타는 한스의 와이너리 외에도 남부르겐란트에 위치한 우베 시퍼^{Uwe Schiefer} 와이너리도 견학차 다녀왔으며, 필드 블렌드 와인인 게미슈터 자츠^{Gemischter Satz}의 제왕 프리츠 바이닝거^{Fritz Weininger}에게 배우기 위해 그가 있는 빈의 와이너리에서 함께 일하기도 했다.

유타가 함께 작업해 본 생산자들은 모두 포도 재배 농법에 신경 쓰고, 셀러에서는 개입을 최소화하는 사람들이다. 와인 맛은 포도밭이 좌우하는 것이지 양조장에서 만들어내는 게 아니라고 생각하기 때문이다. 당연하게 들리겠지만 유타에게는 가장 기본이 되는 부분이다. 그녀는 수확 전 당도 측정기로 포도의 당을 확인하지 않는다. 포도가 어떤 맛일 때 수확해야 원하는 와인 맛이 날지 단번에 아는 베테랑이 된 지금 수확을 결정하는 기준은 간단하다. "포도를 맛보고 마음에 들면 바로 수확하면 돼요. 씨 색깔이 바뀌고 잘 익은 맛이 나면 포도를 딸 때가 된 거죠. 자연스러운 숙성 정도가 저에겐 가장 중요한데, 그 외 포도를 분석하는 일은 없어요."

의미 있는 와인 이름

우토피 Utopie, 코스모폴리트 Kosmopolit, 라케테 Rakete, 퓌르히테고트 Fürchtegott, 링겔슈 필 Ringelspiel, 아인 리터 빈 Ein Liter Wien. 유타가 만든 와인의 이름은 감정과 생각, 그 리움을 자극한다. 첫 모금을 마시기 전부터 이름에서 오는 울림이 있다. 그녀 가 만든 모든 와인의 이름에는 저마다 이야기가 깃들어 있다.

유타와 그녀의 남편 마르코가 광고 홍보업계에서 일한 경력은 와인 이름을 짓고 라벨을 디자인하는 데 많은 영향을 끼친다. 둘은 와인을 함께 테이스팅해 본 뒤 맛과 함께 떠오르는 이야기를 정리하고 이름을 짓는다. 예를 들어 자텔 리트(인공위성)는 와인 구역으로 알려진 니더외스터라이히 Niederösterreich와 바인 피어텔 Weinviertel 경계에 있는 밭에서 재배한 포도로 만든 와인이다. 코스모폴리 트(범세계적인)는 빈을 반으로 가르는 도나우강 양쪽에 펼쳐진 밭에서 수확한 필드 블렌드 와인이고, 잔스(없다)는 그 어떤 이산화황도 넣지 않은 무첨가 와 인이며, 라케테(로켓)는 마시는 순간 기분이 업되는 듯한 효과에서 이름을 따 왔다. 또 라케테는 오스트리아어 은어로 '알딸딸하다'라는 의미도 있다.

"다양한 퀴베를 만들기까지 그 과정이 남달랐어요." 유타가 말한다. "가장 완성도 높은 리슬링으로 와인 양조를 시작한 바람에 다른 품종으로 좋은 와인 을 만드는 데 부담을 느꼈죠."

작은 밭을 임차해 단 하나의 퀴베를 만들던 1인 와인 프로젝트는 이제 10개 의 밭에서 다양한 퀴베를 만드는 것으로 규모가 커졌다. 마르코를 만나 커플이 된 2008년부터 유타가 와인을 만드는 데 그의 역할은 절대적이었다.

"마르코가 없었다면 이 일을 하지 못했을 거예요. 처음에는 0.25헥타르만 작 업하면 돼서 혼자 할 수 있었어요. 그런데 이제는 4헥타르를 임차하는 데다 1 년에 2만5,000병을 생산하죠. 혼자서는 할 수 없는 일이 되어버렸어요."

마르코는 여전히 파트타임으로 카피라이터 일을 하고 있지만 트랙터 모는 법을 익히고 압착기 사용법을 배웠다. 그는 유타가 자신없어 하는 마케팅과 세 일즈를 맡아 그녀가 포도밭과 셀러 일에 집중할 수 있게 해준다. 직원은 없지 만 포도를 수확할 때가 되면 아르바이트생을 고용하고 친구들을 비롯해 마르 코와 그의 부모가 도와주러 온다.

"9월 초에 라케테 퀴베를 만들 포도를 먼저 수확하는데, 그때는 항상 저희 친구들이 도와줘요. 주말에 초대해 다 모인 다음 몇 시간 동안 바짝 수확하죠. 점심시간쯤이면 모두 녹초가 되어 있어요." 유타가 웃으며 말한다.

라케테는 유타가 2016년부터 만들어온 마시기 편한 글루글루 와인이다. 빈 의 유명 레스토랑 '마스트 Mast' 주인의 표현을 빌리자면, 라케테는 "진지하게 마 시는 와인은 아니지만 확실히 마시는 내내 기분이 좋고 재밌는 와인"이다.

여러 포도 품종을 섞은 게미슈터 자츠는 유타가 자주 사용하는 블렌드 와인이다. 라케테 역시 레드 품종인 츠바이겔트 Zweigelt, 메를로 Merlot, 장크트라우렌트 St. Laurent를 비롯해 몇몇 화이트 품종을 더한 필드 블렌드다. 여담이지만, 유타가 재배하는 화이트 품종은 이전 밭 주인들이 1980년대에 실수로 심어놓은 포도나무로 추정된다. 필드 블렌드 field blend란 하나의 포도밭에 여러 품종을 심어 동시에 수확하고 한꺼번에 숙성 통에 넣어 와인을 만드는 방식이다. 여러 품종 중 하나라도 우수한 게 있으면 와인이 전반적으로 맛있어질 거라는 믿음에서 오래전부터 사용해온 방식이다. 동시에 수확하기 때문에 어떤 품종은 덜 익고 어떤 품종은 너무 익어도 모든 게 섞였을 때 오히려 단일 품종을 사용하는 것보다 더 깊고 다채로운 맛을 낼 수 있는 것이 장점이다. 비너 게미슈터 자츠 Wiener Gemischter Satz는 2013년에 오스트리아 와인 품질 등급인 DAC Districtus Austriae Controllatus에 포함되었다. 하지만 유타는 자격이 있음에도 DAC 등급 심사를 받지 않았다. 기본적으로 어떤 단체에 속하는 걸 거부하는 그녀이니 당연하다.

중개인 없는 팝업 바
어느 일요일, 자전거를 타고 오스트리아 관광 지역인 그린칭 Grinzing의 좁은 골목을 지나 유타의 와인 시음장으로 향했다. 미니멀한 석조 건물에 도착하자 출입문에는 시음을 알리는 작은 포스터 하나가 붙어 있다. 이곳은 생산자들이 자신의 와인을 음식과 함께 선보일 수 있는 팝업 와인 바로 매년 지정된 주말에 열린다. 유타가 포도밭을 빌린 것처럼 이 팝업 바도 임차해 '일일 바'로 운영할 수 있다. 이 공간의 소유주는 위층 아파트에 산다.

바 뒤에서는 유타와 마르코가 와인을 따르며 고객들과 이야기를 나누고 있다. 몇몇은 그들의 오랜 친구이고 일부는 자주 오는 단골, 또 처음 온 사람들도 있다. 이곳에서는 와인메이커가 따라주는 와인을 마시며 대화를 나눌 수 있다. 생산자의 모든 퀴베를 시음하거나 가장 마음에 드는 와인을 구매할 수도 있다.

"이제 와인을 2만5,000병이나 생산하기 때문에 이렇게 소비자를 직접 만나 판매하는 것이 맞다고 생각해요." 유타가 그뤼너 펠틀리너 품종으로 만든 레비지온을 한 잔 따라주며 말한다. "이곳에는 대신 팔아주는 중개인이 없거든요."

유타는 자신이 만든 와인 중 약 20%를 오스트리아 내에서 판매하고 있는데, 이런 와인 시음장에서 판매하는 비율이 꽤 높다. 유타가 첫 번째 주말 와인 시음장을 개최한 것은 2006년으로, 처음 만든 세미스위트 리슬링을 판매하기 위함이었다. 와인을 어떻게 팔아야 할지 모르던 시절이라 이렇게라도 시도해 본 것이다. 1784년 오스트리아 황제 요제프 2세가 모든 거주자에게 직접 만든 와인을 판매할 수 있는 허가를 내린 덕에 지금도 작은 규모의 와인 생산자들이

*호이리거:
오스트리아 와인
생산 지역에서
생산자들이 자신이
만든 와인을
선보이는 시음장의
일종. 음식과
함께 선보이기도
하고, 시음장을
방문하는 사람들이
음식을 갖고
와서 먹기도 하는
지역 축제와도
같은 분위기가
특징이다.

와인 시음장이나 호이리거* 같은 곳에서 부담 없이 와인을 판매할 수 있다. 빈에는 50명의 와인 생산자가 있는데, 20명 정도만 풀타임으로 생산한다. 나머지는 소규모나 파트타임으로 와인을 만들어 팝업 와인 바나 자신의 포도밭에서 직접 판매한다. 유타가 하는 모든 일이 그렇듯이, 그녀가 선보이는 와인 시음장은 다른 곳과 다르다. 포부가 있다.

"미식가들이 저희 와인 시음장에 자주 와요. 질 좋은 것을 따지는 사람들이죠." 유타가 이번에는 화이트 필드 블렌드로 이산화황 없이 만든 잔스 퀴베를 따라준 뒤 렌틸 샐러드를 건네며 말한다. 잔스를 마시자 청명한 겨울 하늘처럼 싱그럽고 바다의 파도처럼 맑고 상큼한 맛이 입안을 감싼다. 유타의 미국 수입사 볼러 와인 Bowler Wine이 표현한 대로 '장난기 있고 살짝 반항적인, 록 스피릿이 느껴지는 와인'이다.

알리스 부보 - 도멘 드 록타방
ALICE BOUVOT - DOMAINE DE L'OCTAVIN

만든 게 맥주인지 시드르인지 와인인지 모르겠지만, 마음에 들었어요

알리스 부보가 내추럴 와인을 처음 만들기 시작했을 땐 아무도 그녀의 와인을 원하지 않았다. 새로운 것을 포용하는 파리의 내추럴 와인 바조차도 문을 열어 주지 않았다. 하지만 세계적으로 유명한 코펜하겐의 레스토랑 '노마'에서 알리스의 와인을 취급하기 시작하면서 모든 게 변했다. 이제 사람들은 그녀가 만드는 와인을 광기 있고 훌륭하다고 극찬한다. 알리스는 와인이 발효를 멈추려 하면 효모에 말을 걸고, 인근 포도밭이 수확을 시작했다고 조급해하지 않는 와인 메이커다. 그녀는 오로지 자기 자신을, 그리고 포도만을 믿는다. 이 경지에 이르기까지 많은 시행착오가 있었다. 양조학 전공자인 그녀는 와인이 마음에 드는지 안 드는지 단 한 번도 생각해 본 적이 없었다. 쥐라 아르부아 지역의 한 와인 숍에서 내추럴 와인을 처음 마셔보기 전까지는.

알리스 부보가 자신의 차 문을 열어주며 냄새가 빠지지 않아 미안하다고 사과한다. 레드 와인 한 병이 조수석에 쏟아졌다며 황급히 플리스 재킷으로 흔적을 덮어버린다. 강아지 피스타슈Pistache는 여기저기 뛰어다니느라 바쁘다. 우리는 아르부아Arbois 중심에 있는 알리스의 집이자 셀러를 출발해 마을을 벗어나 5분 거리에 있는 그녀의 새로운 와이너리에 도착했다.

"처음에는 아무도 제 와인을 받으려 하지 않았어요. 파리에서조차도요. 프랑스에서는 제 와인에 결함이 있다고 생각했죠. 처음 몇 년은 버티기가 정말 힘들었는데, 여러분 덕분에 모든 게 바뀌었어요." 알리스가 말하는 '여러분'이란 나와 같은 스칸디나비아 사람들을 말하는 것이다. "특히 덴마크 덕분이에요. 덴마크 레스토랑들이 제 와인을 팔기 시작하니 프랑스에서도 연락이 오기 시작하더라고요."

세계적으로 유명한 코펜하겐의 레스토랑 '노마Noma'에서 알리스의 와인을 취급하기 시작했다는 소문이 퍼지자 그녀에 대한 관심이 솟구쳤다. 내추럴 와인계의 등용문과도 같은 파리 와인 바에서 갑자기 알리스의 와인을 주문하기 시작하고 다른 유럽 국가와 아시아, 미국에서도 요청이 쇄도했다.

이제 알리스는 자신의 와인을 대만, 일본, 스웨덴, 노르웨이, 덴마크, 영국, 스페인, 벨기에, 호주, 미국 등 전 세계에 수출한다. 생산하는 퀴베 수가 적고 공급보다 수요가 항상 많기 때문에 정해진 수입사와 공급사, 레스토랑에만 자신의 와인을 배분한다. 요즘은 운이 좋아야 알리스의 와인을 구할 수가 있는데, 그만큼 그녀의 와인은 폭발적 인기를 넘어섰다. 그러나 알리스는 이 위치에 오기까지 고전을 면하지 못했다. 알리스에게 내추럴 와인메이킹의 길은 길고도 험하고 구불구불했으니 말이다.

음악, 동물과 와인을 사랑하는 사람

알리스는 아르부아에서 북쪽으로 한 시간 거리에 위치한 브장송Besançon에서 자랐다. 그녀는 자신이 와인메이커가 될 거라고는 꿈에도 생각하지 못했다. 첼로와 피아노를 연주하고, 매일 승마를 할 정도로 말에 대한 애정이 남달랐던 그녀의 유년 시절 꿈은 수의사였다. 그러나 수의학과 입학시험을 통과하지 못해 차선책으로 농업공학을 전공하게 됐다. 학위를 딴 다음에는 무슨 일을 해야 할지 정하지 못해 얼떨결에 보르도로 향했다. 프랑스에서는 농업학을 전공하면 보르도로 가는 게 의례적이었다. 와인의 수도와도 같은 그곳에서 와인 수업을 몇 번 들은 알리스는 정식으로 양조학을 배우기 위해 디종Dijon으로 향했다.

양조학 공부를 마치고도 알리스는 여전히 뭘 해야 할지 갈피를 못 잡았다. 결국 3년간 해외를 돌아다니게 되었는데, 캘리포니아와 칠레, 그리고 뉴질랜

드의 와이너리에서 일하다가 서른 살이 되었을 때 프랑스로 돌아와 쥐라 지역에서 다시 일을 구했다.

"보르도에는 살고 싶지 않았고, 프랑스 남부 지역은 여름에 관광객이 너무 많아 옵션이 아니었어요. 그래서 쥐라라면 괜찮을 것 같다 생각했죠. 쥐라에는 사바냥과 트루쏘를 비롯해 다양한 품종이 있다는 게 마음에 들었어요. 그리고 언젠가 아이 낳을 생각을 하니 부모님 근처에 사는 게 좋겠다고 생각했죠."

쥐라에 오자마자 20헥타르의 포도밭이 있는 한 와이너리에서 1년 동안 일했다. 거기서 샤를 다겅 Charles Dagand 을 만나게 되는데, 그 당시 샤를은 쥐라 협동조합 Fruitière Vinicole d'Arbois 와이너리에서 일하고 있을 때다. 커플이 된 두 사람은 2005년 독립해 와인을 만들어보기로 결심했고, 그렇게 옥타방 Octavin 이 탄생했다. 둘은 내추럴 와인을 만들고 싶어 하는 것뿐 아니라 오페라와 와인에 대한 애정도 같아 와이너리 이름은 물론 퀴베 이름에도 도라벨라 Dorabella, 파미나 Pamina, 제를리나 Zerlina, 코망다토르 Commendatore 처럼 모차르트의 오페라 제목을 붙였다.

10년 뒤 알리스와 샤를은 헤어지고, 2015년부터 알리스가 도멘 드 록타방을 홀로 이끌게 됐다. 혼자 운영하며 수많은 희생을 감내해야 했고 일하는 시간은 몇 배로 늘어났다.

"혼자 처음부터 다시 시작하는 기분이 들어 힘들었어요. 특히 아이가 둘이나 있었으니까요. 막내 아나톨 Anatole 은 태어난 지 5주 무렵부터 일주일에 40시간씩 어린이집에 맡겼어요. 일이 너무 많아서 아이를 돌볼 시간이 부족했거든요. 하지만 혼자 와이너리를 운영하는 만큼 원하는 와인을 만들 수 있다는 점에 위안을 얻었죠."

매년 프랑스 전역을 돌다

알리스가 와이너리 밖에 차를 세운다. 올해 수확한 포도가 스테인리스스틸, 섬유유리, 암포라 등 각기 다른 종류와 사이즈의 통에서 숙성되고 있다. 알리스가 만든 더 오래된 빈티지들을 저장해 놓은 셀러도 곧 옮길 예정이다. 합치면 5만 병의 와인이 이곳에 자리하게 된다.

알리스는 한동안 새로운 저장고를 찾아다녔다. 이전 셀러는 알리스가 현재 거주하고 있는 마을 한복판의 집 안에 있었는데, 이웃들이 시끄러운 소리가 난다고 끊임없이 항의하곤 했다. 알리스는 민원을 해결하기 위해 구청을 들락날락하는 게 싫어 결국 마을 밖에서 새로운 셀러를 구했다.

"처음에는 이 공업단지로 셀러를 옮기고 싶진 않았어요. 그런데 생각해 보니 주변에 사람이 없어 방해받지 않고 자유롭게 일할 수 있겠다 싶었죠. 그리고 집과 일터가 분리되니 일에 더 집중할 수 있고, 집에 있을 때는 집안일에 신경

알리스 부보의 도멘 드 록타방

위치 프랑스 쥐라의 아르부아
설립 연도 2005년(2015년까지 샤를 다겡과 함께 운영)
직원 1명
와이너리 규모 4헥타르(추가로 알자스, 랑그도크, 루시용, 뷔제, 쥐라 등 프랑스 전역에서 포도 구매)
농법 바이오다이내믹 인증(소유 밭), 유기농 혹은 바이오다이내믹(포도 매입 밭)
생산량 20,000병
품종 사바냥, 샤르도네, 피노 누아, 트루쏘, 풀사르(다른 포도밭에서 카리냥, 뮈스카 달렉상드리, 실바네르, 리슬링, 비오니에, 몰레트 등 구매)
추천 와인 구할 수 있는 옥타방 와인이라면 모두. 필자가 개인적으로 추천하는 와인은 도라벨라 Dorabella, 파미나 Pamina, 이브르 드 비브르 Ivre de Vivre, 포시옹 마지크 Potion Magique, 르 후아 드 세파주 Le Roi de Cépages, 카리붐 Cariboom, 베티 뷜 Betty Bulles, 셰뤼뱅 Cherubin 뱅존

쓸 수 있게 됐죠. 심지어 포도를 운반하는 길도 새로운 곳이 훨씬 편해요. 쭉 직진만 하면 되거든요."

알리스는 아르부아 지역 인근에 4헥타르의 포도밭을 소유하고 있는데 추가로 매입할 곳을 더 찾고 있다.

"5헥타르로 늘리고 싶어서 새로운 밭을 찾고 있어요. 쥐라의 인기가 많아 모두가 여기로 오려고 해서 밭을 구하는 경쟁이 치열해요." 강아지 피스타슈에게 막대를 던지며 알리스가 말한다.

부르고뉴의 와인 생산자들이 상대적으로 땅값이 싼 쥐라의 땅을 사들이고 있는데, 이는 쥐라의 토지 시세를 폭등시키고 있다. 쥐라는 최근 10년 사이에 와인 전문가들이 관심을 두지 않던 지역에서 프랑스 내추럴 와인 중심지로 탈바꿈했다. 와인보다 콩테 치즈 생산지로 유명했던 쥐라는 이제 소믈리에와 와인 전문가들에게 각광받는 곳이 되었다. 그러나 쥐라의 포도밭 비중은 프랑스 전체의 0.3%에 불과해 좋은 밭을 선점하기 위한 경쟁이 치열할 수밖에 없다.

원하는 밭을 추가로 마련하기 전까지는 필요한 포도를 다른 밭에서 구매해 와인을 만드는 네고시앙 négociant 방식을 일부 사용 중이다. 알리스는 비오니에, 카리냥, 그르나슈, 뮈스카, 리슬링 외 여러 품종을 사들인다. 이 방법을 사용하면 다양한 퀴베를 만들 수 있다.

"여러 포도밭에서 포도를 구매해요. 페르피냥 Perpignan부터 뷔제 Bugey, 보졸레 Beaujolais, 알자스 Alsace 그리고 여기 쥐라까지 여러 지역을 다니며 사들이죠. 제가

사는 포도는 모두 유기농이나 바이오다이내믹 인증을 받은 것들이에요. 그리고 제가 개인적으로 신뢰하는 재배자에게서만 구매하고요." 알리스가 설명한다.

그중 랑그도크 지역의 와인메이커이자 알리스의 친구 레미 푸졸^{Remi Poujol}이 자신이 키운 포도를 공급해 준다. 레미는 두 마리 말과 함께 유기농법으로 포도를 재배하는데, 알리스는 그에게 그르나슈와 카리냥을 구매한다. 쥐라 남쪽 뷔제 지역의 도멘 트리숑^{Domaine Trichon}에서는 귀한 몰레트^{Molette} 품종을 구할 수 있다. 알리스에 의하면 몰레트는 귤과 꽃 맛이 난다고.

알리스는 구매한 포도로 만든 와인 라벨에 포도 생산자의 이름을 반드시 표기한다. 포도를 납품받았다는 이유로 라벨에 이름을 넣는 경우는 드문데, 알리스 나름대로 의리와 고마움을 표하는 방법이다. 프랑스 전역을 돌며 포도밭을 보러 다니고 생산자들을 만나기에 그녀의 업무 시간은 매번 늘어날 수밖에 없다.

"굉장히 신나는 일이지만 육체적으로 무척 피곤해요. 8월과 9월은 동쪽에서 서쪽으로 끊임없이 돌아다니죠. 어떤 날은 18시간 이상 일할 때도 있는데, 대부분 운전하면서 이동하는 데 써요."

수확 기간은 1년에 두 달로 잡는다. 알리스는 자신의 포도밭에서는 물론 포도를 매입할 생산자들의 밭에서도 직접 손으로 수확한다. 수확한 포도는 작은 플라스틱 통에 담아 그 기간에 항상 대여하는 커다란 트럭에 가득 싣는다. 알리스는 포도를 수확하면서 맛을 보는 것을 매우 중요하게 생각한다. 그래서 쥐라에서 아무리 먼 곳이라도 수확하는 현장에 반드시 달려간다. 청량감 있고 신선하며 도수가 낮은 와인을 만들기 좋은 최적의 상태일 때 포도를 수확하기 위해서다.

"저는 많은 것을 느낌에 따라 결정해요. 포도밭에서 일할 때도, 수확할 때도 맛보고 또 맛보죠. 제가 느끼기에 포도가 와인을 만들기에 적당하게 익었는지 파악하기 위해서예요. 올해는 인근의 다른 생산자들보다 일주일 먼저 수확했어요. 그들이 언제 수확하는지는 신경 쓰지 않아요. 제가 재배한 포도를 맛보고 결정하죠. 아삭하고 과즙이 풍부하면서 에너지 가득한 맛이 날 때까지 기다려요. 그렇다고 당도가 높아 알만 먹어도 맛있는 상태가 될 때까지 두진 않아요. 그러면 와인 맛이 너무 묵직해지거든요. 틀릴 수도 있지만, 포도를 맛봤을 때 어떤 감정이 느껴진다면 수확할 타이밍이 된 거예요. 와인 맛이 좋은데 아무런 감정이 느껴지지 않는다면 양조자로서 실패했다고 생각해요."

스스로를 믿기 시작하다

알리스는 말할 때 목소리가 부드럽다. 가끔 속삭이듯 목소리 톤이 내려갈 때도 있지만 그녀는 의지가 강하고 목표가 명확한 사람임이 분명하다. 알리스가 와

인을 만드는 방식은 감정에 비례한다. 거기에는 '믿음'과 스스로에게 숱하게 던지는 질문이 포함되어 있다. 그렇다고 늘 이렇게 확신에 찼던 것은 아니다. 그동안 쌓아 온 양조학 지식이 있었음에도 늘 자신이 없고 테이스팅하는 와인의 맛이 마음에 드는지 안 드는지 판단이 안 섰다. 와인을 표현하고 결함을 찾기 위한 트레이닝을 받았지, 자신만의 의견을 갖는 건 배운 적이 없었던 것이다.

"처음에는 제가 어떤 와인을 좋아하는지 몰랐어요. 엄격한 기관에서 교육을 받아서인지 단 한 번도 제 자신에게 이 와인을 좋아하는지 물은 적이 없더라고요. 제가 공부한 곳에서는 타닌과 산도, 맛에 대해 정밀하게 분석해야 했죠. 그런데 그 과정에서 단 한 사람도 그 와인이 입맛에 맞는지 묻지를 않더라고요."

알리스가 쥐라의 내추럴 와인 중심지인 아르부아에 처음 왔을 때 비로소 시음하는 방식이 바뀌고 스스로의 생각과 혀에 닿는 맛에 대한 주관이 생기기 시작했다. 아르부아는 매우 작은 마을이라 지나가다가 와인 생산자를 우연히 마주치는 일이 다반사다. 엎어지면 코 닿는 거리에 와이너리들이 모여 있어서도 그렇고, 그 지역의 내추럴 와인 애호가와 생산자들이 아지트로 여기는 '르 비

"제 평소 라벨이 아니에요." 알리스가 말한다. 알리스의 와인 라벨은 멀리서도 알아볼 수 있을 정도로 특색 있다.

스트로 데 클라케^{Le Bistrot des Claquets}'에만 가도 쉽게 만날 수 있다. 마을 광장의 100년 된 작은 석조 건물 사이에는 내추럴 와인을 파는 숍이 양옆으로 빽빽이 늘어서 있다.

그중 와인 바이자 숍 '레 자르뎅 드 생뱅성^{Les Jardins de St. Vincent}'에서 알리스는 그곳 주인이자 소믈리에인 스테판 플랑슈^{Stéphane Planche}를 소개받았다. 그리고 모든 것이 변했다.

"제가 마신 게 와인이었는지 맥주였는지 시드르였는지 모를 정도로 새로운 경험이었는데, 그게 뭐였든지 정말 정말 마음에 들었어요. 그러곤 바로 '내가 이런 와인을 만들 수 있을까?' 생각했죠. 시도해 보고 싶은 마음이 마구 솟았어요."

알리스는 레 자르뎅 드 생뱅성에서 맛본 것 같은 내추럴 와인을 만들기 위해서는 그 당시 파트너였던 샤를과 함께 일하던 와이너리에서 독립해 자신들만의 와인을 만들어야 한다는 것을 깨달았다. 특히 모든 첨가물을 배제하고, 심지어 항산화 물질이자 항균 물질인 이산화황까지 사용하지 않을 마음이었다.

"이산화황 없이 와인을 만들려면 시간이 많이 걸리기도 하고 실패할 확률이 높아 그 방법을 시도할 와이너리 소유주는 없죠. 그래서 독립적으로 만들어야만 했어요. 첨가물과 이산화황 없이 와인을 만들면 처음에는 양조 과정에서 아무 맛도 안 날 때가 있어요. 그리고 나서 2주 뒤에 다시 테이스팅해 보면 갑자기 맛이 굉장히 좋아져 있죠. 하지만 가끔은 1년이나 기다려야 할 때도 있어요. 기다림이 핵심인데, 누가 기다리는 것을 좋아하겠어요. 정말 해내고 싶은 의지가 있거나 저처럼 와인이 제 분신이라 생각해야만 가능할 거예요."

이 단계까지 오는 데 몇 년이 걸렸지만, 알리스와 샤를은 2008년에 이산화황을 일체 배제한 제로/제로 와인을 만드는 데 성공했다. 포도밭에서는 유기농법으로 재배를 시작했지만 곧 바이오다이내믹 농법으로 전환했다.

"바이오다이내믹 농법으로 재배한 포도밭과 그렇지 않은 밭의 토양을 비교해봤어요." 알리스가 말한다. "차이가 명확해 결정을 쉽게 내릴 수 있었죠."

효모와 대화하다

와이너리 밖에는 빈 와인병이 상자에 가득 담겨 있다. 멀리서도 알리스의 네고스^{négoce} 와인병 특유의 톡톡 튀는 컬러감이 특징인 난쟁이 라벨이 눈에 들어온다. 알리스네 집 정원에 가득한 땅속 요정 석상을 보고 그녀의 친구가 영감을 받아 라벨을 그려주었는데 이제 아이코닉한 옥타방의 라벨이 되었다.

알리스의 와인들은 늘 튀기 마련이다. 특색 있는 라벨 때문만이 아닌, 알리스가 선택한 길의 결과물이 그러하다. 그녀에게 와인메이킹은 정직함은 기본이고 체력이 뒷받침되어야 하는 일이다. 영국의 수입 회사 투토 와인^{Tutto Wine}은 알리스의 와인을 "광기 있는 동시에 훌륭하다"라고 표현한다.

"제 와인을 늘 모니터링해요. 절대 건드리지 않고 펌핑 오버*도 하지 않아요." 알리스가 말한다. 이것이 바로 저개입의 제로/제로 와인메이킹 노하우다. 이산화황 사용, 펌핑 오버, 온도 조절을 모두 하지 않는 것이다. 레드 와인은 우려내듯 껍질과 함께 침용하는데, 덕분에 색이 연하고 타닌이 적어 우아하고 섬세하지만 에너지 넘치는 와인이 탄생한다. 알리스는 샤를 다겡과 함께 옥타방을 시작했을 때는 포도에서 지금보다 더 많은 것을 추출하곤 했다.

"업계의 관행이 그렇듯, 포도에서 색깔과 타닌을 추출해야 하고 포도가 숙성될 때까지 오랜 시간을 기다려야 한다고 생각했어요. 그런데 수확한 해에 따라 색이 진할 때가 있고 그렇지 않을 때가 있다는 것을 깨달았죠. 그게 바로 자연이고, 그래서 아름다운 거예요."

알리스는 모든 걸 자연에 맡기기로 했다.

"처음 옥타방을 시작했을 때보다 이제는 더 순리에 맡기자는 주의예요." 그녀가 설명한다. "이산화황을 아예 배제하겠다는 결정은 매 순간 위험을 감수해야 하는 일이거든요."

알리스가 세운 원칙은 이산화황이 와인 속 무언가를 빼앗아가 와인의 생명력을 떨어뜨린다는 생각에서 결정한 것이다. 그렇다고 저개입 와인메이킹이 수월한 것은 아니다. 알리스가 전문적으로 학습한 양조 방식은 와인을 만드는 과정에서 하나라도 문제가 생기면 바로 개입하는 것이었다. 몸에 밴 습관 때문에 개입을 하지 않고 기다린다는 것이 알리스에겐 쉬운 일이 아니었다.

"아무것도 하지 않고 기다리는 게 제일 힘든 부분이에요. 무언가 문제가 있다고 인지하면 분명 개입하고 싶어지거든요. 그런데 저는 아무것도 하지 않아요. 대신 일어나는 모든 상황을 받아들이고 인정하죠. 포도와 스스로에 대한 믿음 하나로요."

발효가 멈추고 상한 달걀 냄새가 나는 한이 있어도 말이다. 그나마 조치를 취하는 게 있다면 다른 통에서 발효 중인 포도액을 발효를 멈춘 포도즙 위에 붓는 정도다. 그 정도만 해도 다시 발효가 시작되게 만들 수 있다. 알리스는 가끔 효모에 말을 건다.

"작년에 숙성 통 하나가 리덕티브한 거예요. 발효 중인데 유황 냄새가 났죠. 그래서 효모에 말을 걸었어요. '있잖아, 나도 가끔은 아침에 침대에서 일어나고 싶지 않을 때가 있어. 사는 게 쉽지 않지? 그래도 일어나서 하루를 보내야지'라고요. 신기하게도 얼마 뒤 다시 발효되기 시작하더니 유황 냄새도 사라졌어요." 알리스가 풀사르 품종의 도라벨라를 마시며 입가에 미소를 머금은 채 말한다.

*펌핑 오버: 프랑스어로는 르몽타주라고 한다. 와인을 더 진하게 만들기 위해 양조 과정에서 숙성 통 하단에 있는 와인액을 빼서 상단에 다시 부어 섞는 것을 말한다.

포도와 와인을 살아 있는 생명체로 인정하고 수많은 미생물이 힘을 합쳐 만들어낸 결과물이라고 믿는다면, 효모에 말을 건네는 것은 반려동물에게 말하는 것과 같은 맥락일 것이다. 이 모든 것은 그녀가 양조학자가 되기 위해 받은 전문 교육 내용과 상반된다. 교과서에는 발효가 멈추고 리덕티브한 냄새가 나면 공기에 노출시키고 탱크에 산소를 공급한 뒤 효모를 더 추가하라고 나와 있다. 그러면 발효가 마무리된다.

"저와 같은 상황에 놓였다면 많은 생산자가 진작에 개입했을 거예요. 그런데 왜 꼭 개입해야 하죠? 내려놓고 순리에 맡기는 것은 참 어려운 일이에요. 특히 리덕티브한 퀴베가 생겼다면요. 하지만 그런 상황에서도 관찰하고 지켜봐야 하죠. 식초로 변해버리는 것은 한순간이거든요." 그녀가 덤덤하게 말한다.

발효가 다시 시작되지 않았다면 어떻게 했을 거냐고 묻자, 알리스는 어깨를 으쓱한다.

"일반적으로 시간이 많이 걸려요. 그러고도 다시 발효되지 않는 경우는 없었는데, 몇몇 퀴베는 유독 그 과정이 힘겹기도 했죠."

비평가들은 내추럴 와인 생산자들이 양조 과정에서 개입을 최소화하기 때문에 휘발성 산이 생긴다고 지적한다. 그 때문에 와인에서 시드르 맛이 나고 산화되기도 한다고 말이다. 또 내추럴 와인은 테루아가 느껴지지 않고 마우지니스나 브렛 특유의 마구간 맛이 지배한다고 비판한다. 하지만 반대로 내추럴 와인 애호가들은 이 부분이 내추럴 와인을 특별하게 만들고 생명과 에너지가 넘치

게 한다고 옹호한다. 테루아를 가장 순수하게 표현해 낸 결과물이라고 말이다.

알리스에게 내추럴 와인을 만든다는 것은 자신의 이상과 미각과 의견에 솔직할 수 있다는 것이다. 사람들이 자신의 와인을 마음에 들어 하지 않아도 상관없다.

"일관성이 있으면 돼요. 제가 만든 와인이니 제 마음에 들면 됐어요. 별로라고 하는 사람이 있다면 신경 안 써요. 제 와인을 좋아하는 사람을 찾으면 되니까요." 그녀는 자신감 있게 말하곤 덧붙인다. "물론 와인을 팔아야 해요. 저만 제 와인을 좋아한다면 그건 문제가 있죠. 팔긴 팔아야죠."

탱크와 단둘이

알리스가 좋아하는 와인을 만들기 위해서는 자신을 믿는 방법밖에 없다. 그녀가 내려야 하는 가장 중요한 결정을 압착하기 전 포도를 껍질째 얼마 동안 침용할지다.

"주변의 와인메이커들이 압착을 시작했기 때문에 저도 해야겠다고 판단하지는 않아요. 맛을 보고 결정하죠. '이제 압착을 해야 할까?', '왜 지금 해야 하지?', '더 기다릴 이유가 있나?' 이 모든 결정은 탱크 앞에 서서 저 혼자 내려야 해요."

이 부분이 어려운 과정인데, 여기에 다른 사람들의 생각까지 의식하게 되면 일이 복잡해진다. 알리스는 레드 와인을 만들 때 우려내듯 스킨 콘택트를 하기 때문에 포도를 껍질째 오랜 시간 침용해 놓는다. 평균 8개월간 스킨 콘택트를 하기에 매년 5월까지 그 상태로 두고 본다.

"어느 날 누가 와서는 '어머, 8개월씩이나 침용해 둔다고? 너무 길어!'라고 하는 바람에 오기가 생겨 그해에는 7월까지 스킨 콘택트 상태로 두었죠. 그런데 7월까지 두는 건 너무 긴 것 같아요. 와인이 살짝 산화됐더라고요."

알리스의 반항적 성향을 알 수 있는 일화다. 그래서 그 일이 있은 다음에는 다른 사람 말에 흔들리지 않고 머리가 맑은 상태에서 이유 있는 판단을 하기로 결심했다. 그녀는 자신의 생각에 귀를 기울이고 스스로를 믿고 와인을 만들기에 결과물이 특별하다고 생각한다.

"정신분석 수준으로 와인과 저에 대해 분석해요. 이 와인을 좋아하는지에 대한 유무, 내가 뭘 원하는지, 뭘 좋아하는지, 더 기다려야 하는지 아닌지 등 스스로에게 되묻죠. 누군가에게 의견을 달라고 물으면 제 직감을 따르지 못할 거예요. 옥타방이 옥타방인 이유는 제가 언제나 직감을 따르기 때문이거든요. 제 와인은 다른 와인과 굉장히 달라요. 좋아하거나 싫어하거나, 호불호가 극명히 나뉘죠. 싫어하는 사람도 많지만, 좋아하면 마니아적으로 좋아해 줘요. 제가

스스로에게 끊임없이 질문한 결과일까요? 물론 사람들에게 마셔보라고 한 후 의견을 달라고 할 수는 있지만 최종 결정은 반드시 제가 해야 해요. 굉장히 힘들고 어렵지만 꼭 필요한 과정이에요."

시음위원회는 사양할게요

알리스가 우리를 나뭇잎이 노랗고 붉게 물들기 시작한 아르부아의 앙 퀴롱^{En Curon} 포도밭으로 데려갔다. 이곳에서 그녀의 도라벨라와 제를리나 퀴베에 사용할 풀사르, 트루쏘, 피노 누아가 자란다. 이 지역의 특별한 명칭이 있는 가장 핵심적인 밭인데도 그녀는 등급 심사를 더 이상 받지 않기로 했다.

알리스와 샤를은 2013년에 AOC에서 나왔다.

AOC에 속하려면 정해진 규정을 따라야 하고, 와인의 맛이 일정해야 한다. 거기에 시음위원회의 테이스팅 평가를 통과해야 한다. 이 시음위원회는 옥타방 와인의 맛이 독특하다는 이유로 여러 번 탈락시킨 사람들로 매년 똑같이 구성된다. 그럼에도 등급을 포기한다는 것은 쉬운 결정이 아니었다. 먼저 포기한 쪽은 샤를 다겅이었다. 오히려 알리스는 정해진 시스템 안에서 싸워보고 싶어 했다.

"제가 좋아하는 지역에서 제가 사랑하는 와인을 만들고 있는데 어느 날 문득 의문이 들더군요. '왜 이렇게까지 싸워야 하지?' 그럴 시간에 아이들과 함께 시간을 보내는 게 낫겠다 판단했어요." 그녀가 말을 잇는다. "다섯 명밖에 안 되는 시음단 사람들이 제 와인을 맛보고 '통과'나 '탈락'을 논하는 게 싫었어요. 그들을 위해 와인을 만드는 게 아니니까요. 스스로에게 말했죠. '난 이제 마흔이고, 아이가 둘이나 있는데, 스스로 결정할 수 있는 나이지!'라고요."

많은 와인 생산자에게 AOC 등급을 포기한다는 것은 상상할 수도 없는 일이다. 특히 쥐라 지역에서는 90%의 와인이 AOC로 구분될 정도로 거의 대부분 등급 판정을 받는다.

"몇몇 내추럴 와인 생산자들은 AOC에 소속되어 여전히 인정받기 위해 싸우고 있는데 저는 과감히 떠나기로 했어요. 그리고 그 선택을 단 한 번도 후회한 적이 없어요. 그들이 세운 규정에 좌우되지 않고 제가 좋아하는 방식으로 와인을 만드는 것이 바로 자유니까요. 정치질이나 하는 시음위원회를 위해서가 아닌, 소비자들과만 제 와인을 나누면 돼요. AOC에 소속된 내내 부정적인 에너지가 가득했는데, 탈퇴하고 나니 좋은 기운으로 채워졌어요."

알리스는 자유를 얻은 대신 야유를 받았다.

"AOC에서 나오고 나니 주변의 비난이 시작됐죠. 마음을 단단히 먹어야 했어요. 소비자는 물론 다른 와인 생산자들마저 AOC 소속이 곧 고품질을 뜻한다고 믿으니까요."

알리스는 AOC가 결함을 찾는 데만 집중한다고 말한다. 그들은 와인을 파는 데만 온 신경을 쓰기 때문에 품질에는 그다지 관심이 없다. 오히려 알리스는 잘 만든 와인이라고 해서 결함이 아예 없는 건 아니라고 생각한다. 오히려 와인에 감정이 있고 살아 있다는 증거니까.

"양조학자들은 품질에 대해 얘기하지 않고 결함만 찾아요. 제가 양조학을 공부했을 때 와인에는 70가지 결함이 있다고 배웠어요. 왜 결함에 대해서만 이야기하죠? 그 결과물은 표준화된 와인일 뿐이에요. 저는 아무런 감정이 없는 와인보다 결함이 있는 와인이 차라리 낫다고 생각해요. 생명이 있으면 감정이 있고, 감정이 있으면 품질이 뒤따르니까요."

물론 각자 소신껏 선택해야 한다고 덧붙인다. 와인은 맛과 향이 전부이기 때문에 주관적일 수밖에 없다고 알리스는 말한다. 향수도 취향이 다 다르지 않은가. 아이들 학교에 일이 있어 가면 언제나 향수를 과하게 뿌리는 학부모가 있는데, 그가 지나간 자리는 늘 향이 남아 다녀갔다는 것을 알 수 있었다고 한다.

"그 학부모는 분명 향수 뿌리는 것을 좋아하겠죠. 전 향수를 싫어해요. 그렇다고 누가 옳고 누가 그르다고 할 순 없잖아요. 취향의 차이니까요. 제가 강한 향을 싫어한다고 해서 그 학부모가 향수를 뿌리면 안 된다고 할 수 없어요. 와인도 똑같아요. 와인에 효모나 이산화황을 더하지 않으면 전형적인 와인과는 다른 향과 맛의 와인이 탄생할 수밖에 없죠."

　전 세계 최고급 레스토랑에서 그녀의 와인이 제공되고 있음에도 알리스는 와인이 럭셔리의 상징이 되어서는 안 된다고 생각한다. 와인을 알기 위해 소믈리에 자격증을 따거나 학원에 다닐 필요도 없다고 강조한다. 와인은 결함을 찾기 위해 마시는 것이 아니기 때문이다. 와인에 대해 항상 궁금증을 갖고, 마시는 와인에 대한 자신만의 의견을 갖는 것이 중요하다고. 이야기를 하다 보니 알리스가 내추럴 와인을 처음 만들기 시작하게 된 계기로 돌아왔다.

　"와인병을 딸 때마다 저 자신에게 좋아하는지 물어요. 남이 마음에 드는지는 신경 쓰지 않아요. 제가 마음에 드는지 안 드는지가 중요하거든요."

유행은 중요하지 않다

알리스는 하교 시간에 맞춰 아이들을 데리러 가는 길에 쥐라의 유명 와인 생산자인 레 보트 후즈 Les Bottes Rouges의 장바티스트 메니고즈 Jean-Baptiste Menigoz를 우연히 만나 짧은 대화를 나눴다. 이것이 쥐라의 장점이다. 같은 신념을 가진 사람들과 가까이 살고 공동체적 삶을 살 수 있다는 것.

　"와인메이커의 길은 험난해요. 열정이 넘쳐야 할 수 있죠." 알리스가 소량 생산자가 감내해야 하는 긴 노동시간과 갖은 수고, 경제적 불안정에 대해 말하며 덧붙인다. "그래도 제가 좋아하는 일을 하는 거니 괜찮아요."

　알리스는 와인을 만들 때 판매 여부에 크게 연연하지 않는다. 아무도 그녀의 와인을 찾지 않던 초창기에도 그랬다.

　"제가 생각하고 느끼고 맛보는 것을 신뢰해요. 제가 양조장에서 무언가를 할 때는 그게 중요한 일이라 생각해서 하는 거예요. '팔아야 하니까!'라는 마음으로 하지 않아요. 어떤 퀴베는 오랫동안 완성이 안 될 때도 있어요. 그러면 저는 무조건 기다리죠. 결국 훌륭한 와인이 될 거라 믿는데, 지금 잠깐 정체일 거라고요. 전반적으로 믿음이 바탕이 되어야 해요. 저에 대해, 또 와인에 대해."

　알리스는 시장의 트렌드를 따르는 대신 감정이 살아 있고 자신이 좋아하는 와인을 만들기로 2005년에 결심했다. 미래에 대해 생각할 때 이 신념이 길잡이가 되어준다. 최근 내추럴 와인이 유행하고 있지만, 유행은 왔다가 지나가는 것이라 생각하기에 알리스는 신경 쓰지 않는다. 수년 전 레 자르뎅 드 생뱅성에서 처음 얻은 그 깨달음이 앞으로 와인을 만드는 데 계속 영향을 줄 거라 확신한다. 알리스는 자신의 삶을 바꿔놓은 레 자르뎅 드 생뱅성에 필자를 내려주면서 말한다.

　"15년 뒤에 내추럴 와인은 더 이상 트렌드가 아닐 거예요. 그런데 전 그때도 여전히 이 자리에서 살아 있는 와인을 만들고 있을 거예요."

아빠 신경 끄세요,
우리가 알아서 할게요

오스트리아 골스 마을의 슈테파니와 주자네 레너는 부모에게 가업을 물려받고는 잔소리가 심한 아버지에게 신경 끄라고, 알아서 할 거라고 선언했다. 자매는 가장 먼저 포도 재배 방법을 바이오다이내믹 농법으로 바꾸고 가족의 이름으로 만들던 전통적인 레너 라인에 '레너시스타스'라는 새로운 와인 종류를 더했다. 그리고 누구의 지시에 따르지 않아도 되는 데 만족하며, 커플보다는 자매가 와인 사업을 함께 하는 것이 훨씬 생산적이라고 생각한다. 레너 가족의 와인 사업은 계속 진화하고 있다. 자매가 이끄는 와이너리는 이제 남매의 사업으로 발전했다.

"전 계획이 있어요. 아빠랑 다른 방식으로 할 거라고요. 그러니 이래라저래라 하지 마세요! 아빠는 트랙터로 포도나 갖고 오세요."

슈테파니 레너가 아버지 헬무트 ^{Helmuth}에게 이렇게 호소한 데는 다 이유가 있다. 때는 2016년이었고, 가족의 와인 사업을 물려받아 진행한 첫 수확이었다. 한평생 와인을 만든 아버지는 딸들을 믿고 맡기지 못해 계속 셀러에서 지시를 내렸다. 슈테파니와 주자네에게 결정권이 있는데도 말이다. 자매는 부모 때와는 다른 방식으로 와인을 만들고 싶었다. 유기농에서 바이오다이내믹 농법으로 바꿔서 포도밭을 경작하고, 자신들의 자매 관계에서 이름을 따 레너시스타스라는 저개입 방식의 와인 라인을 새로 추가했다. 물론 부모가 만들어온 레너라는 클래식한 레드 와인도 계속 만들면서 말이다.

"가업을 잇는다는 것은 굉장히 어려운 일이에요. 주변의 경우만 봐도 부모 세대에서 자녀 세대로 가업의 주체가 바뀌면 충돌이 상당히 많아 보이더라고요. 하지만 저희는 상대적으로 수월하게 한 것 같아요. 운이 좋았죠." 주자네가 말한다. "아빠가 결국 깔끔하게 손을 떼셨거든요."

부르겐란트의 작은 마을 골스 ^{Gols}의 메인 거리에 레너 와이너리가 있다. 이른 아침 슈테파니, 주자네와 함께 테이스팅 룸의 긴 나무 테이블에 앉았다.

"아빠가 오랜 단골들과 이곳에서 종종 테이스팅을 하세요. 그럴 때마다 레너와 레너시스타스 와인을 각각 선보이는데, 레너시스타스 와인에 대해 이야기할 때 '우리 모두가 함께 만든 와인'이라고 표현하세요. 저희를 인정해 주시는 것 같아 뿌듯하고 기뻐요." 슈테파니가 말한다.

부부보다는 자매로

슈테파니와 주자네 레너는 이곳 골스에서 자랐다. 골스는 오스트리아의 수도 빈에서 한 시간가량 떨어진 곳으로 수심이 얕은 노이지들러 ^{Neusiedler} 호수 북쪽 끝에 위치한다. 부모와 조부모 모두 포도원을 운영했는데, 1988년 부모 세대부터 레너라는 이름으로 와인을 만들기 시작했다. 소규모 와이너리가 대부분 그렇듯, 자매의 부모는 부부 운영자로서 와인을 함께 만들었다.

"부모님 세대에는 부부가 함께 일하는 게 당연했어요. 저희 부모님도 와인 사업을 함께 이어갔지만 엄마는 대외적으로 나서지 않았죠. 엄마가 늘 포도밭에서 일하고 있으면 아빠가 와이너리의 얼굴마담 역할을 하며 스스로를 '셀러 마스터'라 칭했어요." 셀러 마스터라는 단어를 얘기하며 슈테파니는 눈살을 찌푸린다. 자신을 표현할 때 사용하지 않는 단어임을 짐작할 수 있다. 주자네는 부부나 커플 관계로 와인 사업을 하지 않는 것의 장점을 몸소 체감한다고 한다.

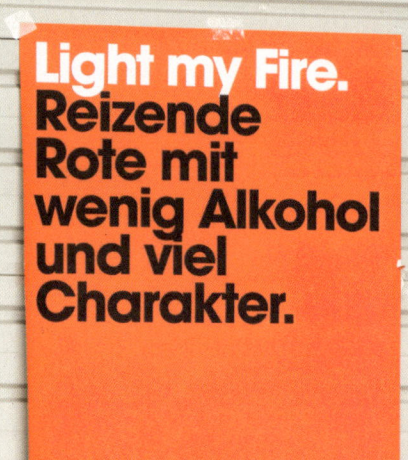

"포도원을 운영하던 저희 부모님과 조부모님을 보면서 자랐어요. 일터와 집이 구분되지 않는 게 얼마나 힘든지를 평생 봐왔죠. 끊임없이 싸우는 바람에 집 안 분위기가 항상 경직되어 있었어요. 차라리 자매끼리 일하는 것이 공과 사가 구분되어 훨씬 수월하죠."

주자네는 오스트리아의 유명 내추럴 와인 생산자인 클라우스 프라이징거 Claus Preisinger 와 커플이기에 누구보다 잘 알 것이다. 클라우스네 가족도 주자네네처럼 내추럴 와인 생산자 단체인 '판노빌레Pannobile'에 소속되어 골스에서 오랫동안 가족 와인 사업을 이어왔다. 그렇기에 주자네와 클라우스는 둘이 함께 일한다는 것을 한 번도 생각해 본 적이 없다.

"저희 둘이 같이 일하면 충돌하기만 할 거예요. 업무 방식은 물론 의견이 다른 경우가 많거든요. 부부나 커플이 일까지 같이 했을 때 관계가 망가지는 것을 직접 봤기 때문에 저는 그러고 싶지 않아요."

시도라도 해봐야 했다

자매가 가업을 물려받아 함께 일할 거라고는 누구도 예상하지 못했다. 한가족이었지만 자라는 동안 둘 사이는 서먹했다. 세 살 반 터울이 나는 동생 슈테파티는 언니 주자네보다 남동생 게오르크Georg와 더 친했다. 슈테파니는 게오르

슈테파니와 주자네 레너의 레너시스타스

위치 오스트리아 부르겐란트의 골스
설립 연도 2015년 레너시스타스 와인 라인 첫 출시, 2016년 레너시스타스와 클래식한 레너 라인의 총책임자 역할 이행, 2020년 남동생 게오르크가 사업에 합류, 2021년 주자네 레너가 와이너리를 떠남
와이너리 규모 12헥타르
직원 정직원 2명, 여름 시즌 임시 직원 4명
농법 2018년부터 데메테르Demeter 바이오다이내믹 인증
생산량 50,000~60,000병(이 중 절반은 레너시스타스, 나머지 반은 레너)
품종 벨슈리슬링, 샤르도네, 피노 블랑, 그뤼너 펠트리너, 뮈스카 오토넬, 게르뷔르츠트라미너, 블라우프랜키쉬, 츠바이겔트, 장크트라우렌트, 뢰슬러, 피노 누아
추천 와인 레너시스타스 라인은 항상 발전하고 있지만 필자가 개인적으로 추천하는 와인은 벨슈리슬링 Welschriesling 스킨 콘택트, 웨이팅 포 톰 바이스Waiting for Tom Weiss, 웨이팅 포 톰 로트 Waiting for Tom Rot, 웨이팅 포 톰 로제Waiting for Tom Rosé

크가 당연히 가족의 와인 사업을 물려받을 거라 생각했다. 그런데 자매는 2011년 빈으로 이사해 한집에 살게 되면서 친해지기 시작했다. 서로 취향이 맞고, 특히 와인 테이스팅을 좋아한다는 공통점을 발견해 드디어 가까워진 것이다. 그 무렵 그들의 부모는 은퇴에 대한 얘기를 하며 레너 와이너리와 할아버지가 매입했던 포도원을 팔고자 했다.

"처음에는 포도밭을 파시라고 했어요. 그런데 한평생 함께했던 와이너리가 없는 저희 가족은 상상할 수가 없더라고요. 아빠를 생각하면 트랙터에 올라가 계신 모습밖에 떠오르지 않을 정도니까요." 슈테파니가 말한다.

그럼에도 가업을 물려받아 이어간다는 것은 쉬운 결정이 아니었다. 첫째인 주자네는 자라면서 와이너리를 물려받아야 한다는 중압감을 느끼곤 했다. 실제로 주자네는 아버지와 와인 시음장에 동행해 고객들을 만났고, 판노빌레 활동도 주자네가 도왔다. 그러나 주자네는 와인이 아니라 패션계에서 일하고 싶어 했다. 빈에서 생활한 8년 동안 패션을 직업으로 삼기 위해 노력했다.

"가업에서 벗어나 저에게 집중할 수 있는 시간이 꼭 필요했어요. 아빠와는 만나기만 하면 부딪혔고, 저희 형제들은 시간만 나면 포도밭에서 일을 도와야 했죠. 그러면서 단 한 번도 와인 만드는 일에 열정을 느낀 적이 없었어요. 돌이켜보면 패션 디자인업계에서 누군가의 '직원'으로 일해본 경험이 와이너리를 운영하는 데 큰 도움이 되더라고요. 고용인 입장이 되어봤기에 이제 고용주가 된 제가 양쪽 입장을 다 이해할 수 있거든요."

자매는 가업을 물려받아 와인을 만들기로 결심하기 전 충분한 대화를 나눴다. 특히 주자네는 빈에서 아이를 키울 자신이 없었기에 고향으로 돌아갈 결정을 하기가 수월했다.

"실패하더라도 한 번쯤은 해봐야 한다고 생각했어요. 와인메이킹은 분명 잠재력 있는 일처럼 보였고, 한번 시도해 보고 싶었어요. 그래서 2013년 크리스마스에 온 가족이 모였을 때 '저희가 한번 해볼게요'라고 선언했죠." 슈테파니가 말한다. 그렇게 2014년에 자매가 와인 사업을 물려받기 위한 작업을 시작했다. 그리고 2015년부터 둘 다 와이너리 일에 매진했다.

세계를 돌아다니며 배우다

슈테파니는 대학에서 물공학water engineering을 절반 이수하고, 나머지 시간에는 와인 관련 교양 수업을 들으며 학사 학위를 마쳤다. 양조학에 대한 이론적인 학위를 따는 대신 내추럴 와인메이커들의 와이너리를 찾아가 실무 경험을 쌓기로 했다. 먼저 프랑스 남부 루시용에 있는 도멘 마타싸Domaine Matassa의 톰 루브Tom Lubbe를 찾아가 와인 만드는 법을 배우기로 했다. 톰 루브는 프랑스 남부 내추럴 와인메이커 중 가장 잘 알려진 생산자로, 1998년부터 생기 있고 아름다운 와인을 만들기로 유명하다. 자매는 마타싸와 같은 와인을 만들고 싶었기에 이론만 공부하며 시간을 보내는 대신 와이너리에서 직접 배우기로 한 것이다.

슈테파니는 이어 남아프리카공화국으로 가서 스워틀랜드^{Swartland}에 와이너리를 갓 세운 요한 허먼 마이어^{Johan Herman Meyer}를 찾아갔고, 그 뒤 호주 바로사 밸리^{Barossa Valley}의 또 다른 유명한 톰, 톰 쇼브룩^{Tom Shobbrook}을 만났다. 바로사 밸리 와인이라면 남성적이고 묵직한 게 근 10년간의 트렌드였는데, 호주의 내로라 하는 와인메이커인 쇼브룩은 그와 반대로 우아하면서도 가벼운 와인을 만드는 것으로 알려져 있다.

슈테파니는 이 대단한 와인메이커들과 함께 일하면서 와인에 대한 자신만의 판단이 서기 시작했고, 주자네와 함께 어떻게 와인을 만들고 싶은지 확실해졌다. 여담으로, 레너시스타스의 와인 퀴베 중 이름이 '톰을 기다리며^{Waiting for Tom}'가 있는데, 이는 두 톰이 항상 어딘가로 가고 있어 그들을 기다리던 마음을 담아 지었다고 한다.

"아빠에게 저희가 와인 만드는 노하우가 충분하다는 것을 증명하고 싶었어요. 제가 마타싸에서 일하고 있을 때 부모님이 방문하셨는데, 일하는 모습을 본 아빠가 처음으로 '널 믿어도 되겠다'라고 하셨죠." 슈테파니가 말한다. "프랑스 톰과 호주 톰에게 배운 게 있다면 자신만의 의견이 있어야 한다는 거예요. 그것을 꼭 실천하기로 했죠."

자매는 와인 사업을 시작하기 전 무엇을 위해 와인을 만들 것인지, 어떤 방식으로 일할 것인지 등을 심도 있게 논의했다. 그리고 이어서 각자 역할을 어떻게 나눌지도 이야기했다.

"슈테파니가 남아프리카공화국에 있을 때 제가 한번 만나러 갔어요. 저희가 계획한 방식이 있었는데 와인을 만드는 현장에서 보니 실전에서는 안 될 것 같더라고요. 가장 기본이 되는 것에 서로 동의하는 게 중요해 보였어요." 주자네가 말한다. "슈테파니는 양조하는 셀러에서 일하는 데 관심이 많은 대신 와인을 소개하는 프레젠테이션 업무는 싫어하는 게 보였죠. 그 부분에서 서로의 장단점을 파악해 역할을 나누면 되겠다 싶었어요. 모든 결정을 함께 내리고 포도밭에서는 둘이 같이 일하지만, 저는 사무실에서 일하는 게 잘 맞았어요. 서류 작업을 하고, 고객과 소통하고, 마케팅을 담당하는 거죠."

보스로 사는 삶

주자네와 슈테파니는 일찍부터 자기 사업을 운영하는 독립적인 일을 하고 싶었다. 둘 다 상사가 있는 사무실에서 직원으로 일해봤는데 성향에 맞지 않았다.

"제가 제 보스인 게 좋아요. 자연과 밖에 있는 것을 좋아하는데, 와인메이커라는 직업이 그 두 가지를 모두 충족시키죠. 굉장히 다양한 일을 할 수 있다는 것도 장점이에요. 손과 옷이 늘 더러워지고 육체적으로 힘들지만 세상과 항상 연결되어 있잖아요. 그리고 포도 한 송이가 와인으로 탄생해 나중에 레스토랑에서 서빙되는 상상을 하면 너무나 신기해요." 주자네가 말한다.

슈테파니가 덧붙인다. "저는 이 일에 다양성이 존재하고 하루도 같은 날이 없다는 게 참 좋아요. 어느 날은 셀러에서 와인을 만들고 있고, 또 다른 날은 타지를 방문하고 있죠. 포도밭에서 시간을 보내기도 하고요. 가끔은 이런 럭셔리한 삶이 또 있을까 싶어요. 할 수 있는 경험이 다양하고 지루할 틈이 없죠. 일할 때는 즐거움이 배가되어 짧은 시간에 더 많은 성과를 낼 수 있어요." 취미인 조깅도 자주 한다며 슈테파니가 말한다.

하지만 슈테파니도 학생이었을 때는 원하는 일을 하면서 돈을 벌 수 있는 직업을 찾는 게 어렵다고 생각했다. 물공학을 전공한 과 친구들 대부분 대형 스파에서 일을 시작했는데, 슈테파니는 자신이 그런 직업을 원하지 않는다는 걸 진작에 알았다. 적당히 타협하고 싶은 마음은 조금도 없었다. 대신 자연에서 일하는 직업은 지속 가능한 동시에 경제적 뒷받침이 될 수 있었기에 선택하는 데 큰 어려움이 없었다. 그러나 와인메이킹도 환경을 해치는 일이 많다. 그중 하나가 과도한 물 사용이다. 레너 자매처럼 건지 농법 dry-farming 으로 재배한다고 해도 셀러에서 와인을 만들 때는 많은 양의 물을 사용한다. 맑고 깨끗한 와인을 만들기 위해서는 모든 숙성 통과 펌프, 포도 상자, 압축기와 셀러 자체를 깨끗하게 관리해야 하기 때문이다.

"와인 만드는 과정에서 물을 많이 사용해요. 정확하게 몇 리터를 사용하는지 측정해 보진 않았지만, 많이 쓰는 건 확실해요." 슈테파니가 말한다. 와인 1리터를 만들기 위해 대략 10리터의 물을 사용하는 것 같다고.

또 다른 문제는 탄소발자국 carbon footprint 이다. 레너 가족은 전 세계의 다양한 내추럴 와인 페어에 참여하는 것은 물론 수입사들을 만나러 이동해야 하는데, 와인 총생산량의 50%를 수출하기 때문에 자연스레 출장이 잦다. 이 모든 것은 환경과 기후에 영향을 끼친다. 유리병을 만들고, 포장하고 운반하는 과정에서 생기는 탄소발자국이야말로 모든 와이너리의 가장 큰 고민이다. 와인 전문가 잰시스 로빈슨 Jancis Robinson 에 의하면, 유리병으로 인해 생기는 탄소발자국은 전체 탄소발자국의 40%를 차지할 것이라고 한다.

"저희가 일 때문에 해야 하는 잦은 이동과 수출해야 하는 와인의 양을 생각하면 마음이 편치 않아요. 가장 좋은 건 저희와 소비자들이 가까이 사는 거겠죠. 하지만 현실은 그렇지 않고, 저희도 천사일 수만은 없어요." 슈테파니가 말한다.

가족 사업

자매가 와이너리를 물려받은 첫해인 2015년에는 아버지와 함께 와인을 만들었다. 레너시스타스 팀이 워낙 작았기 때문에 아버지의 도움을 받아야만 했다. 그러나 2016년부터는 변화가 필요했다. 처음으로 인턴을 고용했고, 슈테파니가 정식으로 와이너리를 이끌기 시작했다. 슈테파니는 응원을 아끼지 않고 많은 지원을 해준 인턴들에게서 좋은 에너지를 받았는데, 그 기운에 힘입어 아버지에게 이제 그만 관여하고 포도밭 일에만 충실해 달라고 말할 수 있었다.

"그런 다음 아빠를 독일로 보내버렸죠." 슈테파니가 웃으며 농담처럼 말하더니, "사실 아빠는 다른 나라를 방문하는 걸 즐겨요. 오랜 단골들도 만날 기회고요"라고 덧붙인다.

아버지 헬무트는 딸들이 자신과는 다른 방식으로 와이너리를 운영하는 것에 대해 이해할 시간이 필요했다. 오랜 시간 레너 와이너리의 수장이었기에 당연한 얘기다. 처음에 그는 주자네가 와인메이커가 아니라 사무직 직원처럼 일한다고 핀잔을 늘어놓았다. '하루 종일 컴퓨터 앞에서 도대체 뭘 하는 거지?'라며 의아해했다고. 하지만 2개국에만 수출하고 두세 명의 굵직한 단골 바이어가 있던 부모 시절과 달리 레너시스타스는 30개 나라에 수출하고 있으니 당연히 서류 작업량이 많아 사무실에서 보내는 시간이 길 수밖에 없었다.

"처음과 달리 이제 아빠는 저희가 와인 만드는 방식을 인정해 줘요. 엄마는 처음부터 저희를 믿어주셨는데, 포도밭에서도 큰 도움을 주시죠." 슈테파니가 말한다. 2020년에는 남동생 게오르크까지 합류하면서 가업은 계속 진화하고 있다. 슈테파니는 게오르크가 함께해 무척 기쁘다.

"저희로서는 더할 나위 없이 좋죠. 게오르크가 먼저 같이 일해도 되냐고 물었는데, 사실 전혀 예상하지 못했어요. 하지만 너무 잘된 일이죠. 가족이 다 같이 가지치기를 하고 동생이 많은 일을 도와줘요. 밭에서 트랙터 모는 일은 아빠 혼자 외롭게 하던 일인데, 이제는 게오르크가 같이 해주니 서서히 물려주면 될 것 같아요!"

2021년 수확 직전에 레너 가족에게 또 한 번 변화가 찾아왔다. 주자네가 어린 두 아이의 양육에 집중하기 위해 와인 사업에서 손을 떼기로 한 것이다.

"쉬운 결정이 아니었어요." 주자네가 말한다. "그런데 일과 육아를 병행하는 것이 쉽지 않았죠. 두 아이의 엄마로 살면서 레너와 레너시스타스를 동시에 운영하기가 무척 버겁게 느껴졌어요. 슈테파니와 단둘이 와인을 만들 때와 달리 게오르크가 합류하니 제 역할이 줄어들어 그나마 쉽게 결정할 수 있었죠. 아이들이 크기 전에 더 많은 시간을 함께하고 싶어요."

판노빌레 없이는 레너시스타스도 없다

슈테파니가 프랑스어로 '자유, 평등, 판노빌레(Liberté, Egalité, Pannobilé, 프랑스대혁명의 모토인 '자유, 평등, 박애'를 패러디)'라고 새겨진 티셔츠를 건넨다. 판노빌레 그룹의 상징이 된 문구다.

골스의 내추럴 와인 생산자 단체 판노빌레에 소속된 생산자들과 나누는 연대감과 공동체 의식은 레너 가족에게 매우 중요하다. 주자네가 아버지의 와인 사업을 돕던 시절부터 판노빌레와 교류한 것과 달리, 슈테파니는 나중에야 합류했다. 와인메이커인 부모의 힘든 일상을 어린 시절부터 보고 자란 슈테파니는 자신이 와인 사업에 뛰어드는 일은 절대 없을 거라 단언했다. 그러던 그녀는 판노빌레의 여덟 가족을 만난 것을 계기로 자신의 미래를 와인에 걸어봐도 되겠다고 생각했다.

"판노빌레 소속 가족들을 만난 건 무척이나 흥미로웠어요. 대화하는 것만으로도 신이 나고 그들이 참 대단해 보였는데, 처음으로 와인 만드는 일이 멋져 보일 수도 있다는 생각을 하게 됐죠."

판노빌레에는 프라이징거 Preisinger, 악스 Achs, 베크 Beck, 니트나우스 Nittnaus, 피트나우어 Pittnauer, 그젤만 Gsellmann, 하인리히 Heinrich, 라이트너 Leitner 그리고 레너 가족이 소속돼 있다. 이 그룹의 멤버들은 진보적인 데다 실험하는 것을 두려워하지 않고, 병입 기계와 같은 고가의 장비를 서로 공유해서 사용한다. 또 독일어가 모국어인 와인 생산 지역에 리스펙트-비오딘 respekt-BIODYN 이라는 바이오다이내믹 인증 협회를 설립하는 데 큰 역할을 한 주인공들이다.

판노빌레는 1985년 와인 스캔들이 생긴 후 만든 단체다. 오스트리아와 독일의 와인 생산자들이 부동액의 핵심 원료인 디에틸렌 글리콜을 와인에 첨가하다 적발된 것이다. 이들은 인위적으로 와인에 단맛을 더하고 풀 보디감을 내기 위해 디에틸렌 글리콜을 사용했는데, 이 스캔들로 오스트리아 와인의 이미지가 실추되고 수출이 불가능하게 됐다.

"이곳 골스에서는 두세 명이 그 스캔들에 연루되었는데, 그 때문에 오스트리아 와인의 명예가 바닥을 쳤죠. 정직하게 와인을 만든 와이너리들도 이 스캔들로 타격을 입자 저희 아빠가 다른 생산자들과 회의를 소집했어요. 그들은 내추럴한 와인을 만들던 사람들로, 새로운 시작을 갈망했죠." 슈테파니가 말한다.

헬무트 레너는 여섯 명의 다른 생산자와 함께 1994년 판노빌레를 시작했다. 판노빌레에서는 인기 있는 지역의 와인 스타일을 따라 하는 것이 아니라 골스 지역 와인만의 특징을 강조하기로 했다. 모두가 보르도풍의 묵직한 레드 와인을 원하던 1990년대 중반에 이런 결정을 내린 것은 대범함 그 자체였다. 그러나 판노빌레 회원들은 원래 진보적인 데다 남들과는 다른 신념을 갖고 있었기

에 가능했다. 지금은 한 곳을 제외하고 판노빌레 소속 생산자 전원이 바이오다이내믹 농법으로 포도를 재배한다.

"몇몇 사람은 저희가 왜 바이오다이내믹 농법으로 포도를 재배하는지, 왜 기계를 쓰지 않고 수확하는지, 왜 굳이 개입을 최소화해 와인을 만드는지, 왜 자연 발효를 고집하는지 이해하지 못해요." 슈테파니가 신선한 스킨 콘택트 화이트 와인인 벨슈리슬링을 한 모금 마시며 말한다. "오스트리아 사람들은 여전히 오크 향이 강한 묵직한 와인이나 당도가 높은 스위트 와인을 선호해요. 그래서 어쩔 수 없이 대부분의 레너시스타스 와인을 다른 나라에 수출하게 됐죠."

판노빌레 덕분에 자매는 빈 생활을 접고 골스로 돌아올 수 있었다. 슈테파니는 판노빌레 소속 생산자들 사이에 존재하는 투명함과 무언의 신뢰가 특별하다고 말한다.

"판노빌레 안에서는 안정감을 느끼며 솔직할 수 있어요. 회원들과는 한 달에 한 번은 꼭 만나요. 여기 와서 같이 이야기 나누고, 와인에 대한 철학도 서로 공유하고, 다른 스타일의 와인에 대해서도 논의하죠. 저희의 대화는 항상 흥미로워요. 각자 다른 가족이지만 친구처럼 막역하고 와인메이킹과 인생, 농업에 대해 이야기하는 걸 즐겨요. 누구보다 돈독한 관계이고 각자의 셀러에서 어떻게 와인을 만드는지 솔직하게 얘기하죠." 슈테파니가 설명한다.

매년 판노빌레 소속 가족들은 자신이 만든 퀴베 중 하나에 '판노빌레'라는 이름을 붙일 수 있다. 단, 골스 지역의 토착 품종과 테루아가 잘 표현된 와인이어야만 한다. 그 판단은 블라인드 테이스팅을 통해 공정하게 결정한다. 회원들은 1년 내내 서로의 배럴과 탱크에서 숙성되고 있는 와인을 테이스팅하고 조언해준다. 덕분에 슈테파니는 한 마을에 여러 명의 와인 멘토와 함께 살고 있는 기분이라고 한다.

"와인메이커라면 멘토나 스승 같은 존재가 꼭 있어야 해요. 저희는 판노빌레 덕분에 둘 다 가진 셈이죠. 판노빌레 회원들은 비슷한 고민과 힘든 점을 공유해요. 우리의 관계는 와인 이상으로, 가족 그 자체예요."

포도밭을 이해하다

슈테파니와 주자네는 골스의 언덕 꼭대기에 올라가 새로 매입한 오베레 하이데Obere Heide 포도밭을 우리에게 보여줬다. 5헥타르 넓이의 이 밭에는 벨슈리슬링, 게르뷔르츠트라미너, 그라우부르군더(피노 그리의 일종), 샤르도네, 그뤼너 펠틀리너 같은 화이트 품종을 주로 심었으며 추가로 레드인 피노 누아가 있다. 품종마다 각각 한 이랑을 차지한다. 부르겐란트 지역은 전통적으로 레드 와인 품종을 많이 재배한다. 헬무트가 만든 레너 와인도 대부분 레드였을 정도인데, 레너시스타스는 다양한 종류의 화이트 와인 퀴베를 더해가고 있다. 현재 60%인 레드 퀴베를 50%로 줄이는 것이 목표다.

"다양한 포도 품종으로 양조한다는 것은 재밌고 흥미로운 대신 어려움도 따르는 일이에요." 슈테파니가 화이트 품종이 심겨 있는 곳을 보며 말한다.

이 언덕 위에서부터는 판노니아Pannonian 평원이 펼쳐지고 하늘이 유독 넓어 보인다. 바람이 거세게 불어 10월의 햇살이 선사할 법한 미세한 온기도 빼앗아간다. 포도를 재배하기에 그리 좋은 곳이 아니라 생각할 수 있지만, 사실 그 반대다.

"이 포도밭은 원래 유기농법으로 재배하던 곳이라 저희가 인수하고 나서는 바이오다이내믹으로만 전환했어요. 여기는 항상 쌀쌀하고 바람이 불어 곰이 피기엔 악조건이지만 장점도 있어요. 포도가 자랄 공간이 더 많아지고, 덕분에 흰곰팡이나 부패 문제가 훨씬 줄어들죠." 슈테파니가 설명한다.

포도나무 사이에는 클로버와 완두콩 등 피복작물을 심었다. 이 작물들은 생물의 다양성을 가능하게 하고 유익한 곤충을 끌어들여 생태계를 전체적으로 개선한다. 또 토양에 산소와 질소도 자연스럽게 공급해 준다. 질소는 포도가 건강하게 잘 자라는 데 가장 필수적인 요소다.

"저희는 토양을 절대 입단화하지 않아요." 슈테파니가 말한다. "수확 전에 피자 커터처럼 생긴 도구로 직접 풀을 베고 줄기를 꺾어요."

이 방식은 땅을 보호하는 것은 물론 건조해지는 것을 막아주고 탄소가 땅속에 머물게 해준다. 이 모든 것은 기후변화에서 살아남기 위해 꼭 필요한 대비책이다.

레너 가족이 포도밭에서 하는 모든 일은 자연을 보호하는 데 초점이 맞춰져 있다. 그러면서 자연이 제공하는 것에서 많은 걸 얻기도 한다. 예를 들어 가지치기를 할 때처럼 말이다. 겨울에 가지치기를 하는 이유는 나무의 과도한 성장을 막고 질 좋은 열매를 얻기 위함이다. 슈테파니는 애벌 가지치기를 통해 가지치는 횟수를 줄인다. 과도하게 자르면 에스카esca와 같이 나무 몸통에 생기는 병해에 노출될 확률이 높아지고, 그로 인해 포도나무가 폐사하는 불상사를 막기 위함이다.

"포도나무가 덩굴나무라는 것을 이해해야 해요. 이런 나무는 수분과 영양분을 공급해도 스며들 때까지 오래 걸려요. 그래서 가지치기를 할 때 많이 잘라내지 말고 마른 부분만 자르면 된다는 걸 알게 되죠." 슈테파니가 포도나무 사이를 걷다가 오래된 나무통에 난 커다란 스크래치를 가리키며 말한다. "이 포도밭의 전 주인은 애벌 가지치기를 안 한 게 분명해요."

요가, 명상과 닮은 바이오다이내믹

레너시스타스 포도원이 있는 언덕 근처에 15미터 길이의 퇴비 더미를 지났다. 레너 가족의 퇴비다.

"인근 노이지들러 호수 근처에 자연 공원이 하나 있는데, 그곳에서 소두엄을 얻어와요." 주자네가 설명한다. "1년에 한 번 뒤집고 풀로 덮어놓아 마르지 않도록 보관해요. 자궁과 마찬가지인데, 피부가 겉을 감싸고 있는 대신 풀이 뒤덮고 있는 셈이죠. 퇴비로 사용할 정도의 결과물을 얻는 데 3년 정도 걸려요."

퇴비는 바이오다이내믹 농법에서 가장 핵심적인 요소다. 퇴비는 높은 수치의 부식질에 많은 미생물과 생명체가 공존하는 건강한 땅을 만든다. 거기에 소두엄으로 만든 '500번 프레파라트'를 퇴비 증폭제처럼 땅에 뿌려 자연적으로 부식질을 늘린다. 만들어놓은 특수 조합제 소량에 물을 넣어 희석해 민간요법처럼 사용하기도 한다. 물을 붓고 소용돌이가 생길 때까지 약 한 시간 동안 한 방향으로 섞은 다음 바로 반대 방향으로 섞으면 '카오스'가 생긴다. 그러고는 또 그 반대 방향으로 섞고, 다시 반대 방향으로 섞는 것을 반복하면 된다.

"이 작업은 보통 둘이 같이 해요. 대화하면서 저으면 시간이 금방 가거든요. 그런데 주자네가 출산 후 못 나오고 남동생이 합류하기 전에는 저 혼자 해야 했죠." 슈테파니가 말한다. "지겹다는 생각에 처음엔 하기 싫었어요. 시작한 지 30분이 지나면 명상하는 느낌이 들다가 한 시간이 지났다고 알람이 울리면 더 하고 싶어져요. 제게 바이오다이내믹은 명상이나 요가와 흡사해요. 처음 시작할 때는 아무 일도 일어나지 않는 듯하지만, 무언가가 바뀌어 있죠. 그러고는 관점이 달라지고 시야가 더 트이는 기분이에요."

정해진 근무시간

슈테파니에게는 수확 직전의 여름이 가장 힘들게 느껴진다. 그때가 포도밭을 병충해로부터 보호해야 하는 중요한 시기라 바이오다이내믹 농법에 중요한 허브를 심고 황산구리 처리를 해야 한다. 그리고 그 무렵 불운이 찾아올 수 있다.

"저희는 완전히 자연에 의존하기 때문에 아무 일이 없기만을 바라죠. 우박 피해 보험은 들어놨지만 늦여름에 우박이 내리면 수확할 포도가 아예 없게 돼요. 그건 최악의 상황이에요. 다행히 저희는 여름에 항상 에너지가 가득하고 좋은 자극을 받고 있어요. 그 덕분에 힘든 시기를 잘 보낼 수 있는 것 같아요."

슈테파니와 주자네는 정신적으로, 또 육체적으로 버티기 위해 근무시간을 정해놓고 지키기로 했다. 와인메이커의 힘든 삶을 살아온 부모를 봐왔기에 더더욱 그렇다. 슈테파니와 게오르크가 운영하는 레너와 레너시스타스 와이너리도 이 원칙은 변함이 없다.

"저희가 초반부터 정해놓은 것이 근무시간에만 일하자는 거였어요. 그래서 지금도 아침 7시부터 저녁 7시까지만 일하고 있죠. 물론 포도를 수확하는 기간에는 더 오래 일할 수밖에 없지만 평상시에는 정해놓은 근무시간을 지키려 해요." 슈테파니가 말한다. "스스로에게 그만하고 집에 가라고 계속 채찍질하죠. 그렇게 하지 않으면 아예 번아웃될 것을 알기 때문이에요. 저희의 목표를 달성하고 늘 새로운 아이디어를 생각해 내기 위해서는 휴식이 필요해요."

1년 중 슈테파니가 가장 좋아하는 기간은 인턴들이 와이너리에 오는 수확 무렵이다. 독일 가이젠하임 대학교에서도 여러 명의 인턴이 다녀갔는데, 유기농 포도 재배 관련 학과가 있는 전 세계에서 몇 안 되는 대학교의 학생들이다.

"그들은 저희에게 강렬한 에너지를 주면서 항상 배움에 열려 있어요. 스펀지처럼 정보를 빨아들이는 게 눈에 보이는데, 예전에 톰 루브가 저를 가르친 방식을 인턴들에게도 적용하려 해요. 늘 생각과 아이디어를 나누고 함께 테이스팅하는 거죠. 우리는 서로 열정을 나누는데, 힘든 수확 작업도 재미있고, 한 해 결과물에 축배를 드는 값진 시간이라 생각해요. 수확만 하면 어마어마한 기운을 받죠!"

와인은 사람과 같다

레너 와이너리의 테이스팅 룸에 도착하자 슈테파니가 샤르도네와 피노 블랑을 블렌딩한 웨이팅 포 톰 바이스^{Waiting for Tom Weiss}를 따라준다. 신경을 간질이는 크런치한 산도가 단번에 기분을 업시킨다. 이 퀴베를 만들 때 슈테파니는 수확한 포도가 와이너리에 도착하자마자 줄기째 압착했는데, 일부 포도는 껍질째 침용한 상태에서 며칠간 발효시켜 와인에 복합미를 더했다.

"샤르도네를 바로 압착하면 파인애플 맛만 나요. 저희 샤르도네는 식토에서 자라기 때문에 보디감이 강렬하죠. 조금 더 일찍 수확하면 밸런스가 좋은 산미를 얻을 수 있어요. 그런데 여기에 복합미를 더하려면 일부는 스킨 콘택트 상태로 두어야 하죠."

대대로 전해 내려오는 내추럴 와인메이킹 노하우에 따르면 양조할 때는 건드리지 말고 그대로 두라고 한다. 몇몇 내추럴 와인메이커는 개입을 최소화한 로-인터벤션 양조법을 아예 개입하지 않는 노-인터벤션으로 오해하는 경우가 있다. 슈테파니는 이런 무개입에 동의하지 않는다.

"개입을 전혀 안 하면 좋은 와인이 나올 수가 없어요. 개입을 최소화하자는 것이지 아예 손을 떼고 있으라는 건 아니에요."

슈테파니는 요즘 내추럴 와인 애호가들 사이에 인기 있는 스타일을 개인적으로도 선호한다. 줄기째 발효시켜 과즙미가 증폭된 레드 와인, 스킨 콘택트 화이트 와인, 그리고 펫낫을 좋아한다.

"펫낫을 만드는 건 힘겨운 작업이에요. 그럼에도 요즘 굉장히 인기가 많아 만드는 보람이 있죠." 그녀가 말한다. "레드 와인은 가능한 한 줄기째 발효시켜요. 그러면 특별히 많은 걸 하지 않아도 포도가 알아서 훌륭한 와인으로 바뀌죠. 하지만 이 모든 건 그해 포도 재배 상황에 따라 달라요. 어떤 해는 양조 과정에서 더 많이 관찰해야 하는 경우가 있고, 또 그렇지 않을 때도 있으니까요."

부모가 뉴 오크 통에 와인을 숙성했던 것과 달리 자매는 숙성 통 재질의 향이 와인에 배지 않도록 빅 배럴과 올드 바리크 통에 레드 와인을 숙성시킨다. 숙성 후 약간의 오크 터치가 느껴지면 클래식한 레너 라벨을 붙이고, 화이트나 가벼운 레드 와인에는 레너시스타스 라벨을 부착한다. 슈테파니는 어떤 라벨이 붙더라도 에너지 넘치고 맑고 깨끗하면서 마시는 순간 놀라움을 자아내는 와인을 만드는 것이 목표라고 말한다.

"생명력이 느껴졌으면 해요! 시원하면서 과즙미 넘치고 마시기 편한 와인이길 바라요. 마시면서 생각을 하게 만들지만, 그렇다고 너무 진지해지지 않았으면 하죠. 맑되 너무 완벽할 필요는 없어요." 슈테파니가 미소 지으며 말을 잇는다. "와인은 사람과 똑같아요. 와인이나 사람이나 규칙을 어기는 쪽이 흥미로운 법이죠."

아르부아에 위치한 '르 비스트로 데 클라케'.

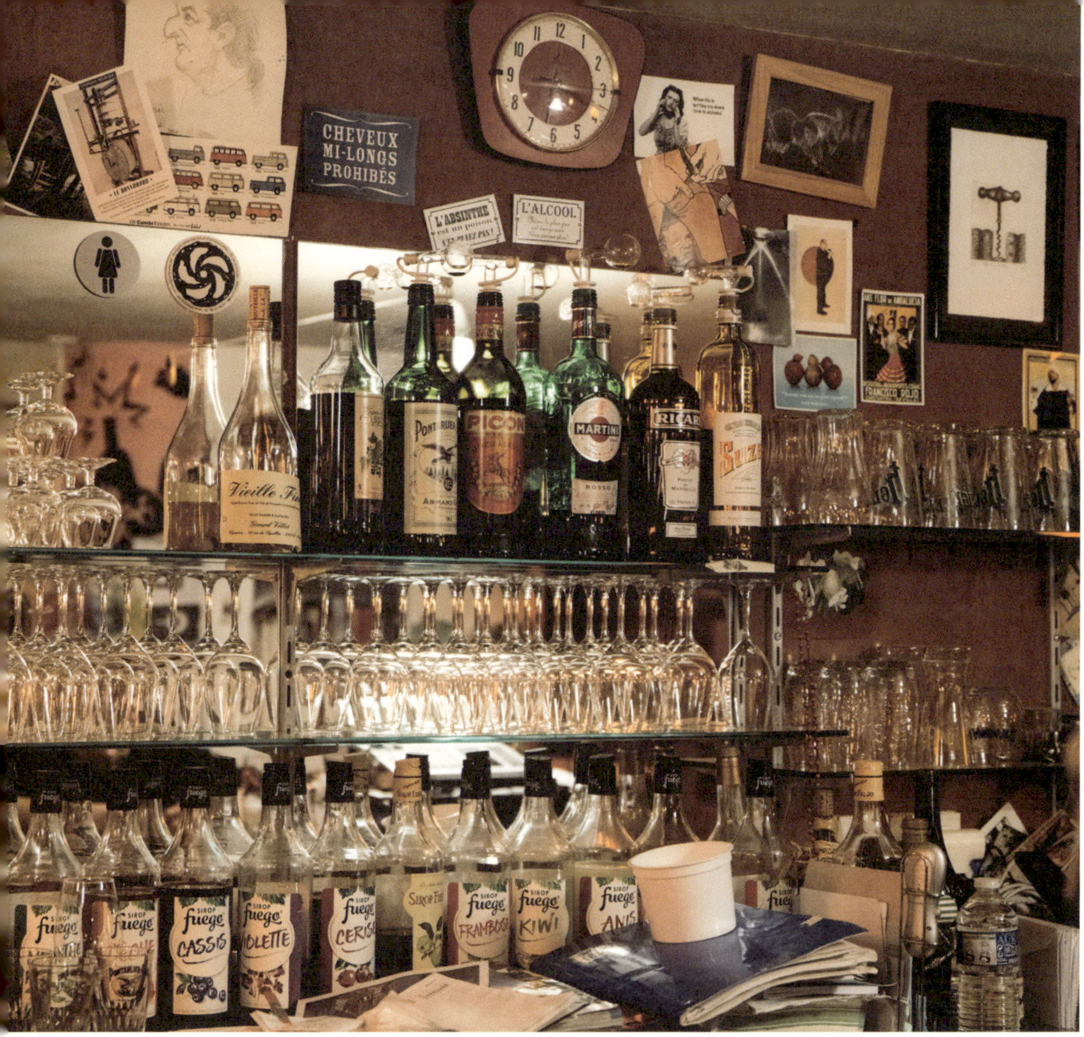
CHEVEUX
MI-LONGS
PROHIBÉS
L'ABSINTHE
L'ALCOOL
Vieille Fine
PONTARLIER
PICON
MARTINI
ROSSO
RICARD
SUZE
SIROP
fuego
CASSIS
VIOLETTE
CERISE
FRAMBOISE
KIWI
ANIS

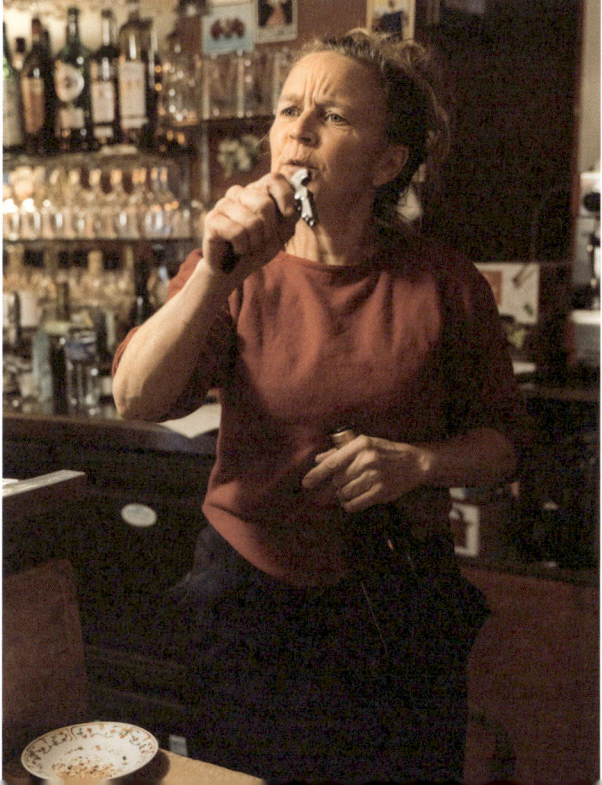

카트린 아눙 - 도멘 드 라 루
CATHERINE HANNOUN - DOMAINE DE LA LOUE

영화를 만드는 것처럼
와인을 만들어요

파리에서 영화 제작자로 활동한 카트린 아눙은 와인에 대한 열정을 현실에 구현하기 위해 쥐라의 작은 마을로 이주한 뒤 와인메이커의 삶을 시작했다. 새롭고 흥미로운 와인을 만들려는 창의력과 열정은 그녀의 원동력이다. 카트린이 와인을 만드는 방식은 그녀가 영화를 만들 때와 비슷하다. 둘 다 독창적이면서 특별한 결과물이 탄생하기 때문이라고. 와인을 아주 소량만 생산하는데도 카트린에게는 딸과 보낼 시간도, 새로운 시도를 할 여유도 턱없이 부족하다. "새로운 에너지를 받지 못하면 와인 만드는 것을 멈춰야 할 것 같아요. 와인 만드는 일은 열정 없이는 못 하거든요."

카트린의 전화가 계속 울린다. 그녀의 생일을 축하하기 위해 하루 종일 친구들이 메시지를 보내는 소리다. 생일을 맞아 주말을 파리에서 보내기 위해 저녁에는 딸과 함께 파리행 기차를 타러 갈 예정이다. 파리는 영화 제작자였던 카트린이 자신에게 더 뜻깊은 일을 하기 위해 과감하게 떠난 도시다.

아르부아Arbois 북쪽 포흐-레네Port-Lesney 마을의 오래된 석조 주택에 카트린의 셀러가 있다. 작은 스테인리스스틸 탱크 속에는 발효 중인 화이트와 레드 품종의 영young한 와인이 가득 차 있다. 안쪽으로 들어가자 바리크 통이 보이는데, 여기엔 더 오래전부터 숙성 중인 와인이 보관되어 있고 대용량 나무통에는 일부 사바냥 품종이 숙성되고 있다. 마당으로 향하는 문이 열려 있어 시원한 가을바람이 셀러 안으로 들어온다. 지금은 양조장에서 할 일이 많지 않다. 와인은 이미 발효가 끝났는데, 올해는 예년보다 일주일 정도 더 일찍 마무리했다.

"올해는 발효 중인 사바냥 품종이 세 통 있었어요. 저녁에 셀러 문을 닫고 그다음 날 아침 다시 왔더니 세 통 모두 폭발해 있는 거예요! 사방으로 튀어 있었는데, 탄산가스 때문에 질식할 뻔했어요. 인턴들이 소리를 듣고 달려왔지만 제가 위험하다고, 들어오지 말라고 소리쳤죠. 아직 발효 중인 사바냥 통이 계속 흘러넘쳐서 닦고 치우는 걸 하루 종일 반복해야 했어요. 사바냥 품종이 그럴 때는 그냥 둬요. 전날 전혀 발효되지 않았는데 12시간 만에 원자폭탄으로 돌변한 거죠. 그리고 이틀 뒤엔 발효가 아예 멈췄어요." 카트린이 말한다.

반면 작년에는 발효가 너무 늦게 돼 애를 먹었다. 포도 농사가 잘되어 와인을 만들 수 있을 만큼 많은 양의 포도가 있었지만 반대로 효모가 굉장히 적은 상태였다. 1년이 지나 새로 수확한 포도를 갖고 왔는데도 한 탱크에 든 샤르도

카트린 아눙의 도멘 드 라 루

위치 프랑스 쥐라의 포흐-레네
설립 연도 2009년 첫 수확
직원 2020년 말부터 파트타임 1명
와이너리 규모 3헥타르(퓌피양, 마르노즈, 에글피에르, 몰랑보즈에 분포)
농법 유기농 인증
생산량 8,000~15,000병
품종 사바냥, 샤르도네, 트루쏘, 피노 누아
추천 와인 사바냥Savagnin, 퀴베 라파엘Cuvée Raphaëlle, 라 브뤼트La Brute, 뱅 드 파유Vin de Paille

네는 여전히 원하는 만큼 발효되지 않았다. 결국 카트린은 올해 수확한 사바냥 포도 몇 송이를 그 탱크에 넣어 다시 발효시켰다. 필요한 효모를 더해주기에 충분한 작업이었다.

"발효가 끝나가는 이 와인을 한번 테이스팅해 봐요." 카트린이 작은 스테인리스스틸 탱크에서 바로 와인을 따른다. "음, 이제 거의 당이 없어졌네요. 2~3그램 정도만 남은 듯해요. 아주 만족스러워요! 훌륭한 와인이 되어가고 있어요."

와인메이커가 된 영화 제작자

창의력은 카트린의 원동력이다. 파리에서 영화 제작자로 활동한 그녀는 세계적으로 유명한 와인 다큐멘터리 <몬도비노 Mondovino>를 제작한 주인공이다. 조너선 노시터 Jonathan Nossiter 감독과 만든 이 다큐멘터리는 대량생산하는 상업 와인과 장인 방식으로 만드는 와인을 대비시켜 내추럴 와인계의 찬사를 받은 작품이다. 그 후 프랑스 동쪽 프랑슈콩테 Franche-Comté에서 다큐멘터리를 촬영하면서 인근에 있던 쥐라와 포흐-레네라는 작은 마을에 대해 알게 됐다. 도시의 삶에서 벗어나고 싶었던 무렵이라 카트린은 금세 이 마을에 매료되고 말았다. 결국 2008년 쥐라로 이주해 와인을 만들기로 결심했고, 그때부터 지금까지 와인메이커의 삶을 살고 있다.

그녀의 성격을 알면 와인을 양조하는 데 왜 저개입 방식을 선택했는지 알 수 있다. 영화 작업을 할 때도 카트린은 실험적이고 장인적인 방식의 필름 푸앵튀 film pointu*를 만드는 것으로 알려졌다. 세계적인 스웨덴 영화감독 잉마르 베리만 Ingmar Bergman이나 덴마크 감독 라스 폰 트리에 Lars von Trier가 사용한 동일한 기법이라고 카트린은 설명한다. 다시 말해 상업적인 블록버스터 영화와는 정반대의 영화를 만들었던 것이다.

"제가 와인을 만드는 방식이 영화를 만들던 것과 똑같은 게 참 신기해요. 새롭고, 잘 알려지지 않고, 장인적인 방식을 고집했으니까요."

과감해 보이기까지 한 카트린의 커리어 변경은 어찌 보면 그다지 극단적이지 않을 수도 있다. 와인 생산자는 영화 제작자만큼이나 창의성이 필요하니 말이다. <쥐라 와인 Jura Wine>이라는 책의 저자 윙크 로치 Wink Lorch는 책 속에서 카트린을 이렇게 표현했다. "카트린은 영화의 시퀀스처럼 와인을 만드는 단계를 철저하게 계획한다. 수확 기간이 곧 영화 촬영 기간과 맞먹는다."

카트린은 운 좋게 포도 재배와 양조를 메종 피에르 오베르누아의 에마뉘엘 우이용 Emmanuel Houillon에게 배울 수 있었다. 아는 사람은 알겠지만, 피에르 오베르누아라는 이름만 들어도 감탄이 절로 나온다. 오베르누아는 내추럴 와인 운동 창시자로, 1960년대부터 유기농법으로 포도를 재배한 인물이다. 1980년대에

* 필름 푸앵튀:
정형을 깬,
대중적이거나
상업적이지
않은 예술 영화.

délire 16
délire 16
délire 16
Domaine de la Loue
trousseau
2015

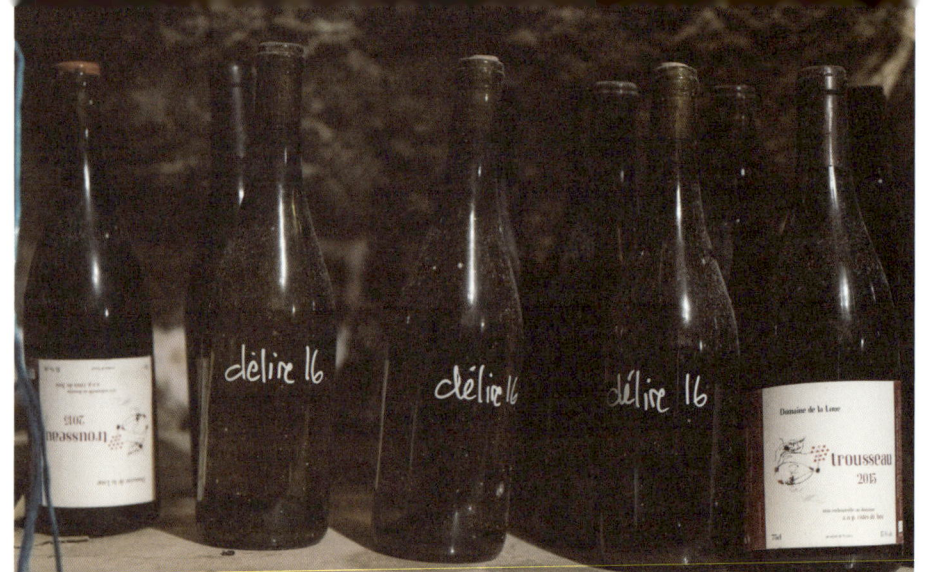

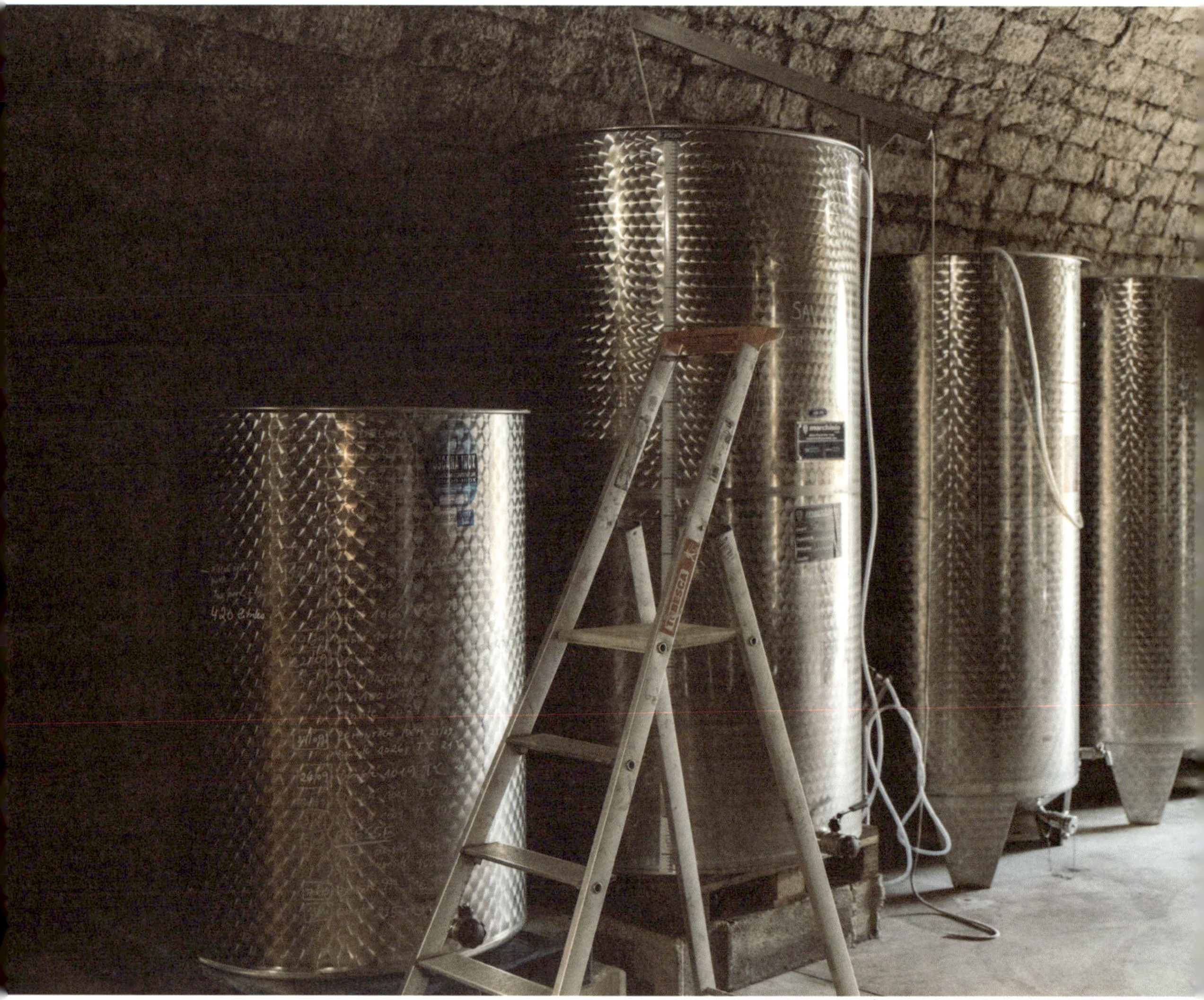

와인 컨설턴트 자크 네오포흐 Jacques Néauport 를 만난 뒤 양조 과정도 내추럴 방식으로 바꿨다. 피에르 오베르누아는 수많은 쥐라의 젊은 와인메이커들에게 유기농 포도 재배와 저개입 양조법을 실천하게끔 많은 영향을 미쳤다. 그 와인메이커들이 이제는 전 세계적으로 인정받아 쥐라가 내추럴 와인의 중심지가 되는 데 기여했다. 에마뉘엘 우이용은 1990년부터 피에르 오베르누아와 함께 일했는데 이제는 오베르누아 전체를 총괄하고 있다. 카트린은 쥐라 최고의 와인메이커에게 모든 것을 배운 셈이다.

"유기농법을 정식으로 트레닝받은 적은 없어요. 하지만 에마뉘엘 우이용처럼 제가 본받고 싶은 와인메이커들이 모두 유기농 방식으로 포도를 재배했고, 저도 자연스레 따르게 됐죠." 카트린이 말한다.

카트린이 2008년 도멘 드 라 루를 설립했을 때는 몇 개의 포도밭을 매입하고 임차해 유기농 방식으로 포도를 재배했다. 그렇다고 쥐라에 처음 이주하기로 했을 때 유기농 재배와 저개입 양조를 하겠다고 다짐한 것은 아니다. 농장을 운영하는 집안에서 자란 사람이 아닌, 도시에서 나고 자란 전형적인 도시 사람이었기에 본능적으로 많은 걸 알지는 못했다. 그러나 자신의 신념과 일치하는 유일한 재배 방식은 유기농임을 금방 깨달았다.

"토양을 다지는 작업을 하는 순간 절대 땅을 잘못 건드려선 안 되겠다는 생각이 들었죠. 땅을 존중해 주는 게 중요했어요." 그녀가 말한다. "제가 마신 와인 중에 감정을 느끼게 해준 와인은 모두 유기농법으로 재배한 포도로 만든 것이어서 더욱 확신했죠."

와인 만드는 게 쉬울 줄만 알았다

카트린의 포도밭 크기는 몇 년 동안 줄었다 늘어나기를 반복했다. 딸이 태어난 2011년에는 줄어들 수밖에 없었는데, 그 뒤 점차적으로 늘려 지금은 3헥타르의 밭에서 포도를 재배한다. 와이너리의 이름은 포흐-레네를 지나 쥐라의 북쪽 경계를 표시해 주는 루 Loue 강에서 따왔다.

수확 첫해인 2009년은 수월하게 지나갔다. 그래서 유독 그다음 해 힘들었던 일이 더 크게 느껴졌다고 카트린은 기억한다.

"2009년은 포도 재배가 풍년이어서 와인 만드는 게 쉬운 줄만 알았어요. 날씨가 좋아 수확도 순순히 진행됐고, 포도의 질과 양조 과정 모두 최상이었죠. 그리고 2010년이 됐는데, 모든 게 힘들었어요!" 그때가 생각나는지 카트린의 표정이 굳어진다.

이 지역은 원래 비가 자주 와 포도가 부패하거나 흰곰팡이 피해를 입기 마련이다. 그에 비해 2009년은 기온이 따뜻하고 건조해 유달리 축복받은 해였다.

그러나 2010년에는 겨울이 유난히 추웠던 데다 봄과 늦여름은 춥고 습했다. 결국 수확량이 줄고 흰곰팡이를 방지하기 위해 약 뿌리는 작업을 늘려야 했고, 건강하게 자란 포도와 상한 포도를 구분하고 걸러내는 고된 작업을 해야 했다. 쥐라 특유의 복불복 수확을 처음 경험한 것이다.

"10년간 배운 게 있다면, 내추럴 와인은 그해에 자연이 선물한 포도로 만든, 매년 다르고 특별한 와인이라는 거예요. 자연에 맡겨야지 제가 할 수 있는 건 아무것도 없어요."

이는 혼자 와이너리를 운영하는 생산자의 고충이기도 하다.

"와인 생산자는 자신이 하는 모든 결정에 책임을 져야 해요. 와인메이커이면서 사업가이자 아티스트고, 또 요리사예요. 이걸 해내는 데는 열정이 핵심이죠. 저를 움직이게 하는 것이 있어야 힘든 날들도 잘 이겨낼 수 있거든요."

열정을 유지하는 건 어려워

유기농법으로 3헥타르의 포도밭을 혼자 관리하는 것은 여간 어려운 일이 아니다. 카트린은 요즘 버거움을 느낄 정도다. 그녀의 포도밭은 쥐라 내 퓌피양Pupillin, 마르노즈Marnoz, 에글피에르Aiglepierre, 몰랑보즈Molamboz 등 각기 다른 지역에 분포되어 있다.

"열정이 식지 않도록 마음을 다잡는 게 제일 힘들어요. 마음속이 계속 활활 타올라야 하거든요. 요즘은 그 열정이 사그라져서 고민이 커요."

카트린은 뜨거운 열정 하나로 10년간 와인메이커로서의 삶을 유지해 왔다. 하지만 이제 일터가 아닌 곳에서 어린 딸과 많은 시간을 보내고 싶고, 밭에서만 보내는 일상에서 벗어나고 싶다. 쥐라는 프랑스 전역에서 가장 습한 지역이다. 그래서 쥐라에서 유기농법으로 포도를 재배하는 생산자들은 흰곰팡이를 방지하기 위해 황산구리를 뿌릴 수밖에 없다.

"트랙터에서 살포 작업을 해야 하는 그 시간이 괴로워요. 올해는 일곱 번이나 뿌려야 했거든요."

카트린은 아침 내내 여러 가지 숙성 통과 병입한 와인병을 열어 테이스팅을 시켜준다. 그러고는 각각의 퀴베 이야기를 열정적으로 들려준다. 그러나 왜 내추럴 와인을 만드는지 질문하자 기운이 떨어지는 게 느껴진다. 카트린은 포도를 기르는 농부와 와인을 만드는 양조자 이상으로 창의적인 무언가를 갈망하고 있다.

"제가 이 일을 얼마나 더 할 수 있을지 모르겠어요. 저를 움직이던 마음의 불씨가 서서히 꺼지는 느낌이에요. 새로운 에너지를 받아야 하는데, 그렇지 못하면 와인 만드는 일을 중단하게 될 거예요. 이 일은 열정이 있어야만 가능하니

까요. 저는 완벽주의자라 반신반의하는 상태에서는 하지 못해요. 1년간 컨디션이 좋았는데 이번 수확이 끝나니…." 카트린이 어깨를 으쓱한다. "수확 기간은 늘 힘들어요. 다른 생산자들에겐 수확 기간이 새로운 시작을 자축하는 축제 같은 시기인데, 저는 완벽주의자여서인지 유독 스트레스가 많은 때예요."

매년 결과물이 다른 것에 대해 카트린은 걱정하지 않는다. 인생이 그렇듯이 어떤 해는 좋고, 또 어떤 해는 아쉽기도 한 법이다. 작년에는 포도가 풍년이어서 셀러에 넘쳐나 오히려 패닉이었다고 한다. 이웃 생산자들은 환호했지만, 카트린에게는 버거운 양이었다.

"감당할 수 없을 정도로 포도가 많아 사방에 흩어져 있었죠. 포도 8,000리터를 작업하는 것에 익숙한데, 작년에는 1만6,000리터로 두 배가 된 거예요. 이 탱크에서 저 탱크로 뛰어다니고, 셀러를 부산스럽게 휘젓고 다녔어요. 관리가 아예 안 될 정도였죠."

10년 만에 처음으로 300리터짜리 스테인리스스틸 탱크를 새로 사야 했다. 두 배로 바빠졌기에 창의성을 끌어낼 여유가 아예 없었고, 딸과 함께 보낼 수 있는 시간은 턱없이 부족했다.

"이런 해도 있고 저런 해도 있다고 다른 생산자들이 위로해 줬죠. 하지만 그들과 달리 전 포도 재배가 어려웠던 해를 걱정하진 않아요. 오히려 작년처럼 포도가 너무 많은 게 더 문제예요."

'쥐라의 교황'에게 도움을 받다

아르부아에 위치한 내추럴 와인 성지 '르 비스트로 데 클라케Le Bistrot des Claquets'에서 어젯밤 카트린의 2016년산 사바냥 퀴베를 마셨다고 하자 그녀의 기분이 한껏 좋아진다.

"그 와인에 대한 재밌는 이야기가 있죠." 그녀가 말한다. "그 퀴베를 완성하는 데 문제가 많았어요. 발효는 됐는데 신선함 말고는 아무 맛도 안 났거든요. '아, 이 와인을 어쩌면 좋지?' 하며 걱정했어요. 제 지인인 자크 퓌프네Jacques Puffeney에게 이 고민을 털어놓았더니 오래된 오크 통에 옮겨놓고 기다리라는 거예요. 그는 항상 저에게 최적의 조언을 해주죠."

와인 베테랑이자 은퇴한 생산자인 자크 퓌프네는 '쥐라의 교황Pope of Jura'이라 불린다. 그가 커다란 오크 통에 생산하는 뱅존Vin Jaune은 최상의 퀄리티로 유명하다. 자크는 카트린에게 자신의 오래된 오크 통을 빌려주면서 쥐라에서 뱅존을 만드는 방식을 적용해 보라고 했다. 와인을 오래된 대용량 숙성 통에 옮겨 담되 끝까지 채우지 않고 위를 공기와 통하게 하는 방법이다. 그리고는 와인이 산화되는지를 보는데, 이 과정을 거치면 와인의 특징이 분명해진다. 카트린은 자크 퓌프네의 조언대로 한 다음 수개월을 기다렸지만 아무 변화가 없었다. 그래서 더 많은 산소가 통하도록 100리터 정도를 더 덜어냈다. 두 달 후, 드디어 변화가 나타났다. 쥐라에서 '부알voile'이라고 부르는 얇은 효모 막이 생기더니 사과 껍질, 구운 견과류, 레몬 껍질과 같은 다채로운 맛의 결이 형성된 것이다.

"제가 원하는 방식의 산화가 이뤄질지는 확신이 없었는데, 바라는 대로 됐어요. 가끔은 이런 마법과도 같은 일이 생기곤 하죠."

카트린은 오크 통에 생긴 효모 막 아래에 와인을 그대로 두는 '수 부알sous voile' 상태로 2년을 더 숙성시킨 뒤 병입했다.

"처음으로 와인을 요리한 기분이었어요." 카트린이 설명한다. "원래 하던 대로 포도를 껍질째 압착해 포도즙이 발효되도록 두었다가 숙성시킨 뒤 병입하는 것이 아니라, 처음으로 다른 사람의 레시피를 따른 셈이죠."

특별한 맛이 안 나는 와인을 맛있게 변화시키기 위해 그녀가 시도한 첫 실험이었다. 그 결과는 노르웨이의 산속에 흐르는 시냇물처럼 맑은 데다 살아 있는 산미와 레몬 향, 비스킷과 견과류 맛에 매력적인 복합미까지 생긴 것이다.

"더 산화되도록 오래 기다릴 수도 있었지만, 원숙미 있는 어른보다 청소년 느낌이 나는 게 더 좋았어요." 그러고는 뒤이어 말한다. "이제 배럴 보러 가시죠."

사바냥의 여왕

카트린이 셀러 안쪽으로 데려가더니 자크에게 빌린 그 커다란 오크 통을 보여준다. 오크 통 표면에는 하얀 분필로 '사바냥의 여왕 La reine de Savagnin'이라고 씌어 있고 하트가 더해져 있다.

"장폴 즈네 Jean-Paul Jeunet의 미슐랭 스타 레스토랑에서 일하던 소믈리에가 제 2016년산 사바냥 퀴베를 마셔보고 너무 마음에 들어 해 분필로 써놓고 간 거예요." 카트린이 자랑스럽게 얘기한다. "제가 없을 때 써놨는데, 지우지 않고 그대로 뒀어요."

카트린은 처음에는 마을 주차장에서 와인을 양조했다. 그리고 지금 사용하는 이 양조장으로 2016년에 옮겨왔다. 쓸 만한 것이 아무것도 없는 텅 빈 셀러였기 때문에 카트린 말고는 아무도 원하지 않는 공간이었다. 이미 필요한 장비를 다 갖추고 있던 카트린에게는 오히려 이 텅 빈 공간이 제격이었다. 이곳에 유일하게 남겨져 있던 건 오래되어 소리가 심하게 나는 바슬랭 Vaslin사의 노란색 압착기였다. 소리가 얼마나 큰지 들어보라며 카트린이 이 오래된 기계를 작동시킨다.

"포도를 수확할 때는 이 기계를 밤 10시에도 사용하는데, 이웃들이 시끄럽다고 짜증을 내요. 오래됐지만 성능만큼은 아주 좋아요."

몇 년 전 카트린은 친구이자 멘토인 자크에게 현대식 공기 압축 압착기 pneumatic press를 중고로 사고 싶었는데 그는 오히려 자신이 가장 잘 만든 와인들은 오래된 바슬랭 압착기로 만들었을 때라고 했다면서 웃으며 말한다.

"자크가 여기 와서 이 압착기를 보자마자 '무조건 이걸로 작업해! 이걸 왜 팔았는지 아직까지도 후회한다고!'라고 했죠. 그가 경험한 바로는 바슬랭 압착기를 처음 사용했을 땐 와인이 산화되더니 이내 적응해서 더 이상 산화되지 않았다고 했어요. 알아서 조절해 주는 것처럼 완벽했대요. 그런데 그가 공기 압축 압착기로 교체하자마자 실수다 싶을 정도로 와인이 계속 산화됐다고 해요." 카트린이 말한다. "그 말을 듣고 비싸고 멋진 그 현대식 압착기에 대한 환상이 깨졌죠. 그런데 이 오래된 기계는 공짜로 얻은 대신 성가실 때가 많아요. 익숙해지면 괜찮은데 매번 청소하는 데 두 시간씩 걸리거든요."

마음 맞는 사람에게 와인 소개하기

혼자 일하는 카트린은 우여곡절 끝에 시간을 허비하지 않는 법을 터득했다. 전에는 와이너리를 방문하고 싶다는 요청을 다 받아줬는데, 시간을 너무 많이 빼

앗겨 일할 시간이 줄어든다는 것을 깨달았다. 그래서 이제는 방문 요청을 받으면 의뢰한 사람에게 몇 가지 질문을 던져 맞이할지 말지 결정한다. 언젠가 내 추럴 와인을 어떻게 만드는지 궁금해서 찾아온 한 방문자가 있었는데, 그는 카트린이 가장 자신 있어 하는 와인 네 종류를 테이스팅하더니 입맛에 맞지 않는 표정을 지었다.

"그에게 쥐라 와인에 대해 아는 게 있냐고 물었죠. 그는 쥐라 협동조합 Fruitière Vinicole d'Arbois 와이너리에서 와인을 자주 사고 그들의 베타니 Béthanie 퀴베를 제일 좋아한다고 하더라고요." 사바냥과 샤르도네를 블렌드한 베타니를 언급하는 카트린의 표정이 일그러진다. "사람들이 열광하는 그 퀴베는 슈퍼마켓에서 10유로 하는 와인이에요. 모두가 베타니 타령을 하길래 저도 사서 마셔봤는데 별로였어요."

같은 지역에 있다는 것 외에 카트린과 쥐라 협동조합과의 교집합을 찾기란 쉽지 않다. 이 협동조합은 회원만 100여 명에 이르는 쥐라에서 가장 큰 생산자

모임으로, 이들은 슈퍼마켓에 직접 와인을 판매한다.

"그래서 이제는 방문하려는 사람이 있으면 쥐라 와인 중 어떤 와인을 알고, 또 좋아하냐고 먼저 물어 취향을 파악해요. 누군가 '베타니 퀴베'라고 답한다면 잘못 왔다고 말해줄 거예요."

반면 감사해야 할 일도 많이 있었다. 유기농 생산자들을 위한 쥐라의 유명 시음회 '르 네 덩 르 베르 Le Nez dans le Vert'에 참여한 덕분에 처음부터 많은 바이어를 만날 수 있었다. 샤를 다겡이 처음 시작한 이 시음회는 카트린이 와인을 처음 양조한 2011년에 첫선을 보였기에 그녀는 시기적으로 잘 얻어걸렸다고 생각한다. 이 시음회는 매년 두 번 개최되는데 한 번은 쥐라에서, 또 한 번은 파리에서 열린다. 각자 다섯 종류의 와인을 프라이빗 고객, 소매업자, 와인 바 운영자, 수입업자 등에게 시음하게 한다.

"르 네 덩 르 베르는 제게 가장 중요한 행사예요. 가느바, 우이용, 부보, 다겡처럼 이미 명성 있는 생산자부터 저처럼 타지에서 온 와인메이커와 이제 갓 시작한 젊은 생산자들을 두루 수용해요. 든든한 공동체 의식을 형성해 주죠. 저는 처음부터 제 와인 전량을 파리와 쥐라의 이 시음회를 통해 판매했어요. 덕분에 와인을 소개하고 팔기 위해 주말에 다른 지역에서 열리는 시음회에 참여할 필요가 없게 됐어요. 그 시간을 딸과 보낼 수 있어서 너무 감사하죠!"

마우지니스가 사라지길 기다리다

맑고 맛있는 내추럴 와인을 만드는 핵심은 시간이다. 그리고 카트린은 기다릴 줄 안다. 현재 만들고 있는 펫낫의 마우지니스가 사라지길 기다리고 있는 것처럼 말이다. 마우지 mousy한 와인을 맛본 적이 있다면 어떤 느낌인지 알 것이다. 마시고 있는 와인 속에 쥐 떼가 풍덩 빠져 있는 맛이다. 모든 풍미를 없애고 드라이하고 역겨운 맛만 남는다. 이는 향으로는 맡을 수 없고 맛으로만 알 수 있다. 어떤 와인메이커들은 이런 마우지한 맛을 구분 못 한다고 한다. 물론 카트린은 단번에 안다. 자신의 스파클링 와인을 맛보더니 마우지하다며 얼굴을 찡 그리고는 이내 뱉어버린다.

"이 마우지한 맛을 정말 싫어해요." 그녀가 말한다. "그런데 시간이 지나면 사라져요. 문제는 와인에 있는 탄산가스가 마우지니스와 함께 맛까지 없애버린다는 거죠."

카트린과 같은 완벽주의자는 마우지니스가 느껴지는 와인을 절대 팔지 못한다. 그 맛이 사라질 때까지 기다린다.

왜 마우지니스가 느껴지는지 정확한 원인은 아직 밝혀지지 않았다. 어떤 사람들은 이산화황이 부족해 생기는 현상이라고 한다. 마우지니스는 젖산균과

브렛의 일부 효모종에 의해 생긴다. 쥐라 지역에서는 1980년대부터 이산화황을 일체 사용하지 않은 피에르 오베르누아에게 영감을 받아 와인에 이를 넣지 않는 생산자가 많다. 이들의 와인에는 와인이 발효되면서 자연적으로 생기는 이산화황만 존재할 뿐이다.

카트린도 기본적으로 이산화황을 첨가하지 않는 생산자다. 그러나 없어지지 않는 마우지니스 때문에 두 번 정도 레드 와인에 극소량 첨가한 적이 있다. 병입 과정에서 많아야 1~2그램 정도만 첨가했다. 그런데 그녀의 와인을 수입하는 한 수입자가 아예 넣지 않기를 원해 같은 레드 와인 400병 정도는 이산화황을 첨가하지 않은 채 어떻게 변하는지 기다려 보기로 했다. 6개월 뒤 그 와인을 테이스팅해 보니 이산화황을 넣지 않은 와인이 극소량을 넣은 것보다 훨씬 더 살아 있고 복합미가 있었다.

"이산화황을 넣은 와인도 여전히 살아 있었어요. 그런데 시간이 지나자 첨가하지 않은 와인에서 무언가가 더 자연스럽게 더해졌는데, 그게 훨씬 더 흥미롭고 자유로운 느낌이었죠."

그 후 카트린은 그 어떤 것도 와인에 첨가하지 않으려 한다. 그녀는 살아 있는 와인, 자유롭고 정직하며 생명력이 가득한 와인을 만들고 싶어 한다. 휘발성 산과 같은 변수가 생기더라도 말이다.

서머 와인

카트린은 와인에 대해 말할 때 '살아 있고 끊임없이 변하는 것'이라 표현한다. 병입되면 숙성 통에 있었을 때보다 맛이 '퇴보'하기 마련인데, 숙성된 몇 개월이 통째로 날아간 느낌이라며 안타까워한다. 그녀는 이를 증명하기 위해 몇 달 전 병입한 2017년산 사바냥 퀴베를 오픈한다.

"싱그럽고 살아 있으면서 다채로운 맛이 나기를 바라며 만든 와인이에요. 오늘은 살짝 리덕티브하네요." 와인을 테이스팅하며 그녀가 말한다. "탱크 속에 있을 때는 훨씬 더 진화한 맛이었어요. 내추럴 와인은 병입되는 걸 싫어해요. 그런데 펌프를 강제로 통과시켜 작은 병에 넣는 과정에서 강압적으로 다루죠. 피쉬, 파, 파 파!" 그녀가 펌프와 병입 과정에서 나는 소리를 흉내 낸다.

그 전까지 와인은 숙성 통 속에서 평화롭고 조용한 시간을 보냈으니 병입 시 반항하는 게 당연하다.

"병입할 때마다 우울해져요. 탱크 속 와인이 병에 들어가면 맛이 확 바뀌는 걸 알거든요. 모두 제게 그만 걱정하고 기다리라고 조언하죠. 6개월 뒤면 다시 그 맛이 살아날 거라고요. 그런데 저는 사서 걱정하는 성격인 데다 지칠 줄 모르죠."

그래도 카트린은 병입 후 6개월이 지나면 병입 직전 맛으로 돌아올 거라 믿기로 했다.

"와인도 생명과 감정이 있기에 그걸 받아들여야 해요." 그래서 모든 빈티지의 맛이 다를 수밖에 없다고 카트린은 덧붙인다.

이것이 장인 방식으로 만든 와인과 상업적인 와인의 극명한 차이다. 카트린의 친구 중 한 명은 맛이 일관성 있다는 이유로 매년 같은 생산자의 와인만 구입한다. 그녀는 그 친구만 생각하면 고개를 젓게 된다고.

"그 친구에게 늘 말해요. 매년 똑같은 맛을 내기 위해 얼마나 많은 화학 성분과 첨가물을 넣었을지 생각해 보라고요. 매해 일조량과 바람이 다른 환경에서 자라는 포도로 어떻게 똑같은 와인을 만들 수 있냐고요. 도돌이표 같은 대화를 나누다가 둘이 그저 웃고 말죠."

카트린은 와인메이커로 살아오면서 매해 포도 맛이 다르고, 따라서 항상 똑같은 맛의 와인을 만들 수 없음을 인정하게 됐다. 그녀는 개인적으로 가볍고 경쾌한 서머 와인 스타일을 선호한다. 스테이크와 마셔야 할 것 같은 묵직한 겨울 와인은 지양하는 편이다. 그럼에도 어떤 해는 그런 묵직한 와인이 탄생할 때가 있다. 피노 누아로 만든 2018년산 라 브뤼트 ^La Brute^를 예로 들자면, 그녀가 선호하는 스타일의 레드 와인은 아니지만 그해 자란 포도가 낳은 와인이라 남다르다.

"브뤼트 ^Brute^(영어로 brutal)라는 와인 이름은 저를 의미해요." 그녀가 웃으며 말한다. "거칠고 생기 넘치거든요. 그런데 솔직히 이 와인은 제 취향은 아니에요. 저는 훨씬 영하고 가벼운 레드를 선호하죠. 브뤼트는 타닌과 구조가 강하고 숙성 기간이 많이 필요해요. 제가 낳은 자식은 아닐지라도 입양한 아들이나 양아들 정도는 되죠."

그녀는 와인에 대해 얘기할 때 와인을 사람처럼 표현한다. 그녀를 비롯해 대부분의 내추럴 와인메이커들이 그렇다.

"레드 와인을 만들 때는 8~9일 정도만 짧게 껍질과 침용하는 마세라시옹을 선호해요." 카트린이 말한다. "청소년처럼 풋풋한 와인이 좋거든요."

그러나 2018년 빈티지처럼 균형을 맞추기 위해 더 오랜 기간 스킨 콘택트를 한 해도 있었다. 카트린이 제 아무리 풋풋한 느낌을 좋아한다 해도 자연이 그렇지 않은 포도를 선물할 때는 받아들여야 한다.

"이런 와인의 경우 더 안정적으로 만들기 위해 이산화황을 첨가해야 할지 말지 고민하죠. 휘발성 산이 좀 있거든요." 그녀가 차분히 말을 잇는다. "공기가 좀 들어오는 저녁에 마시면 나아질 것도 같아요. 6개월은 더 셀러에서 숙성시킬 계획이에요."

카트린과 대화하다 보면 첨가물 없이 최소한의 개입으로 와인을 만든다는 게 어떤 의미인지 명확해진다. 참을성과 좋은 멘토, 어마어마한 창의성이 필요하다. 그리고 받아들일 줄 아는 자세까지. 해를 거듭하면서 카트린은 이 모든 것을 갖추게 됐다.

실험할 수 있는 시간을 갈망하다

갑자기 비가 쏟아져 필자는 밖으로 달려나가 물에 취약한 자전거에 커버를 씌운다.

셀러 안은 쌀쌀하다. 카트린은 '사탕'이라 부르는 2010년 뱅 드 파유 Vin de Paille*를 따라준다. 한 모금 마시자 움츠러든 몸이 사르르 녹더니 온몸에 온기가 전해진다. 황홀함 그 자체다. 미소를 숨길 수 없다. 산화된 듯한 맛은 셰리를 연상시키지만 이 와인만의 특징이 명확하다. 카트린은 사바냥과 샤르도네 포도를 5개월간 말린 뒤 작은 수동식 압축기로 즙을 짰다. 그리고 그 즙을 5년간 배럴에 숙성시킨 뒤 병입했다.

"추운 겨울밤 벽난로 앞에 앉아 초콜릿을 안주 삼아 이 뱅 드 파유를 마신다고 상상해 보세요." 카트린이 미소 지으며 말한다. 그녀의 반짝이는 눈만 봐도 마음이 느껴진다. "전 뱅 드 파유를 참 좋아해요. 제 딸도 좋아하죠. 이 와인을 만들 때처럼 새로 실험해 보는 시간을 더 많이 갖고 싶어요. 이런 순간이 제 마음에 불을 지펴주는 걸 알아서 그 시간이 참 그리워요. 단, 도와줄 사람을 찾아야 할 것 같아요. 혼자 계속 일만 할 순 없으니까요."

셀러에서 나온 카트린은 딸과 함께 파리로 떠날 준비를 한다. 그녀가 오랜 시간 지내온 도시에서 새로운 영감과 에너지를 받고 돌아오길 바라며.

* 뱅 드 파유:
쥐라의 전통적인 양조 방식으로, 포도를 짚(paille) 위에 놓고 말려 단맛을 최대한 끌어올린 뒤 최소 3년간 숙성시킨 와인.

아리안나 오키핀티
ARIANNA OCCHIPINTI

미래를 위한 땅이에요

아리안나 오키핀티는 스물한 살 때부터 이탈리아 시칠리아에서 혼자 와인을 만들었다. 자신을 '자연의 관리자'라 칭하는 그녀는 미래 세대를 염두에 두고 일한다. 100년 뒤에는 사람들이 자신에 대해 이야기할 때 시대를 앞서나가 좋은 일을 한 사람으로 기억되길 바란다고. 또 잘 알려지지 않은 시칠리아의 비토리아 지역 땅과 다양한 토착 품종이 지닌 가능성을 세계에 알리고 싶다. 그러기 위해 아리안나는 비토리아의 버려진 농가를 사들여 땅에 새 생명을 불어넣는 작업을 한다. 그리고 자연적인 방식으로 포도나무를 기르면서 포도와 특별한 관계를 형성하고 있다. 아리안나는 포도가 자신에게, 또 자신이 포도에 깨달음을 준다고 말한다. 포도 스스로 능력을 최대로 발휘할 수 있게 이끌어내는 동안, 포도는 그녀에게 기다림의 미학을 가르쳐준다.

포도밭의 하얀 백악질 땅에 굵은 비가 내리기 시작하자 아리안나가 도착한다. 비토리아 Vittoria에 위치한 아리안나 오키핀티의 봉볼리에리 Bombolieri 포도원에는 유독 고요함이 감돈다.

"지난 일요일에 포도를 수확했어요. 이제 모든 게 천천히 흘러가는 단계죠." 아리안나가 말한다. "포도는 발효 중이고, 수확한 사람들이 떨어뜨리고 간 플라스틱과 쓰레기를 주우면서 밭을 정리하고 있어요. 쓰레기를 정리하고 가달라고 늘 당부하지만 말이 안 통하는 사람들이 언제나 있죠."

시칠리아 동남쪽에 위치한 비토리아에서 포도를 재배하는 데는 큰 어려움이 따른다.

"비토리아는 문제가 많아요." 아리안나가 설명한다. "산불이 자주 나는 것은 물론 과도한 플라스틱 사용과 쓰레기 문제, 거기에 환경 파괴적인 농업 형태까지요."

비토리아에 도착한 지 몇 시간이 채 지나지 않았지만 아리안나가 짚어내는 문제점에 벌써 공감이 갔다. 오는 길에 낙후된 지역에 버려진 건물과 폐가가 즐비한 것을 봤는데, 시골 생활에 무료함을 느낀 사람들이 도시로 떠난 흔적이었다. 거기에 쓰레기는 아무 데나 버려져 있고 빈병, 플라스틱, 캔, 옷가지가 여기저기 흩어져 있었다. 불에 탄 뒤 방치된 농장들도 지나왔는데, 목동과 농부들이 그루터기를 제거하기 위해 불을 지른 뒤 땅을 황폐하게 내버려둔 것이다. 이런 광경과는 상반되게 이블레이 Iblei산맥의 아름다움을 보며 따뜻하고 건조한 기후가 유기농 재배에 얼마나 제격일지 비토리아의 가능성을 엿보기도 했다.

아리안나는 이곳에서 계속 와인을 만들고 싶다고 했다. 자연과 주변 환경을 존중하며 긍정적 변화를 일으키고 싶다고도 했다. 땅을 소중히 여기는 그녀의 마음 하나만으로는 신념이 다른 이 지역 사람들과 계속 마찰이 생길 수밖에 없을 것 같아 안타까웠다. 자신을 땅을 소유한 사람이라기보다는 관리자라고 표현한 그녀는 열정의 원동력인 '왜' 해야 하는지, 그 사명감 하나로 지금까지 외로운 싸움도 마다하지 않았다. 아리안나가 바이오다이내믹 농법으로 포도를 기르고 내추럴 와인을 만드는 이유는 단 하나다. 바이오다이내믹 농법의 결과물을 본 사람들이 앞으로는 이 방식만이 지속 가능한 농업을 할 수 있는 방법임을 깨닫게 하기 위해, 그리고 자신이 이 땅을 매입했을 때보다 더 나은, 살아 있는 땅으로 돌려놓기 위해서다. '왜' 해야 하는지, 그 사명감을 잃지 않는 것이 아리안나에게는 매우 중요한 일이다.

"창의성을 중요하게 여기는 기업은 모두 '왜' 하는지에 초점을 맞추지 '무엇을', '어떻게' 하는지는 그 뒤의 일이에요. 저는 스스로에게 '왜' 해야 하는지 강하게 묻고 이 일을 시작했어요." 아리안나가 말한다. "이제는 명분을 다시 세워

아리안나 오키핀티

위치 이탈리아 시칠리아의 비토리아

설립 연도 2003년

직원 16명

와이너리 규모 28헥타르 외 농지 50헥타르

농법 유기농 인증, 바이오다이내믹

생산량 140,000병

품종 프라파토, 네로 다볼라, 뮈스카 달렉상드리(지비보), 알바넬로

추천 와인 일 프라파토 Il Frappato, 시카뇨 Siccagno, SP68 비안코 SP68 Bianco, 비노 디 콘트라다 Vino di Contrada

---

야 할 때예요. 많은 시간이 지나 저도, 와인을 만드는 방법도 많이 바뀌었으니까요."

사람들의 생각을 바꾸려는 노력

포도밭 1헥타르를 처음 마련한 2003년에는 세계 와인 지도에 비토리아를 포함시키는 것이 아리안나의 꿈이었다. 하지만 현재 훨씬 큰 규모의 포도원을 소유한 베테랑 와인메이커로 성장했다. 그리고 이제는 포도만 키우지 않는다.

"2000년대 중반에 슬럼프가 찾아왔어요. 밭에서 일하고, 와인을 만들어서 파는 모든 과정을 혼자 결정했죠. 그런데 사실 그 부분이 힘들었던 건 아니에요. 그 외 모든 것이 문제였죠. 제 주변 환경이나 사람들, 저에게 선택권이 없는 것이 저를 힘들게 했어요. 다른 사람을 이해하는 건 참 어려운 일이에요. 남에게 제가 하는 일을 이해시키고 증명하는 시간이 필요하지만, 또 한편으로는 제가 그들을 이해하는 시간도 필요했죠. 제가 하는 일을 다른 사람과 나누고 공감대를 형성하는 것이 힘들어 보여 저만 할 수 있는 일이라는 생각에 사로잡혔어요."

아리안나는 사람들의 고정관념을 바꾸는 게 제일 힘들다는 것을 깨달았다. 유기농법과 바이오다이내믹에 대한 지식이 거의 없거나 아예 없는 이 지역 사람들에게 이를 이해시킨다는 것은 벽에 대고 말하는 것이나 다름없었다. 하지만 소통과 공감하는 데 어려움이 있을지언정 그녀는 지역 사람들과 같이 일하는 것을 계속 시도한다. 사람들의 생각을 바꿀 수 있는 유일한 기회이기 때문이다.

"그런데 해본 사람이 더하다고, 포도 재배 경험이 있는 사람일수록 새로운

방식으로 바꾸는 걸 더 어려워하더라고요. 모두의 눈높이에 제가 맞춰야 하지만, 그게 참 힘들어요. 그런데도 계속 노력하는 이유는 땅의 미래를 생각해서, 미래에 투자한다고 생각해서예요. 저는 아직 아이가 없지만 이 땅은 미래 세대에게 물려줄 유산이잖아요. 사람들이 100년 뒤에 저에 대해 말할 때 '그 여자는 시대를 앞선 생각으로 참 좋은 일을 했다'라고 하길 바라요."

이 모든 일을 혼자 할 수는 없어 아리안나는 현재 직원 16명과 함께 일한다. 이제는 예전과 달리 직원 면접을 볼 때면 자신의 비전과 이루고자 하는 목표를 이해하는 사람을 선별할 줄 안다. 다행히 지원하는 사람 중에는 다양한 나라에서 와인을 경험해 봤거나 런던과 파리의 미슐랭 스타 레스토랑이나 내추럴 와인 바에서 일한 경험이 있는 사람들이 지원한다. 이런 사람들이 와주어 아리안나는 그저 감사할 따름이다.

"열정은 말로 하는 게 아니라 느껴지는 거니까요."

시칠리아 뿌리로 돌아가다

아리안나는 삼촌 주스토 오키핀티 Giusto Occhipinti 가 아니었다면 와인메이커가 되지 않았을지도 모른다. 삼촌 주스토는 잠바티스타 칠리아 Giambattista Cilia 와 함께 비토리아에서 COS라는 이름으로 내추럴 와인을 생산한다. 아리안나는 열여섯 살이었을 때 세계에서 가장 큰 규모의 와인 박람회 '비니탈리 Vinitaly'에 주스토 삼촌과 함께 참석했는데, 그곳에서 와인 생산자들을 만나면서 자신도 와인을 만들고 싶다는 마음이 생겼다. 결국 아리안나는 밀라노에서 와인 양조학과 포도재배학을 공부했다.

"지금 제 인생은 곧 와인이에요. 친구 모두 와인과 관련된 사람일 정도로요." 아리안나가 말한다.

그녀는 스물한 살이던 2003년에 내추럴 와인을 만들기 시작했다. 내추럴 와인이 유행하기 전이었고, 보수적인 시칠리아에서는 여자 혼자 와인을 만드는 일은 드물었다.

"밀라노에서 공부 중일 때 운이 좋게 와인의 비밀을 알게 됐어요. 그 비밀은 바로 '내추럴'이라는 거였죠. 학교에서 받은 교육은 발효 전 포도액에 인공 영양분을 넣으라는 등 기술 위주였지만, 와인의 진짜 모습을 내추럴 와인에서 발견했죠."

건강한 포도로 개입을 최소화해 끊임없이 관찰한 결과 탄생한 와인을 맛보게 된 것이다. 8,000년 전부터, 즉 제2차 세계대전 이후 와인의 산업화가 시작되기 이전의 방식으로 만든 와인을 말이다. 자신의 느낌에 확신을 갖기 위해 아리안나는 1990년대에 이탈리아에서 로-인터벤션 방식으로 와인을 만든 와

인메이커들을 만나러 다녔다. 그들은 바로 에밀리아로마냐의 엘레나 판탈레오니, 토스카나의 조반나 모르간티와 프리울리의 스탄코 라디콘이다. 그들과의 만남을 통해 와인은 와인 대학교에서 나눠주는 양조 레시피대로 만들고 무자비하게 손을 대는 상품이 아님을 확신했다. 오히려 훨씬 더 깊은 의미를 지니고 만드는 것이라는 걸 깨달았다.

아리안나는 의외로 이탈리아 북쪽을 방문했을 때 남쪽에 있는 자신의 고향 시칠리아가 더욱 애틋하게 느껴졌다.

"밀라노에 있을 때 시칠리아가 마법 같은 곳임을 깨달았어요. 그래서 고향으로 돌아가기로 결심했죠. 와인메이커에게 가장 중요한 건 '느낌'이 오는, 좋아하는 지역을 선택하는 것이거든요."

멀리 떨어져 있다 보니 아리안나는 자신이 자란 곳의 진가를 알게 됐다. 이곳이라면 처음부터 시작할 수 있을 것 같았다. 자신이 배운 수많은 지식과 노하우를 바탕으로 와인계에서는 생소한 비토리아를 주목받는 곳으로 만들고 싶었다. 대신 자신이 알고 있는 것과는 다른 모습의 비토리아로 만들고자 했다. 기본적으로 자연을 존중하고 땅에서 빼앗기만 하지 않는, 생명력을 불어넣을 줄 아는 사람들이 사는 비토리아로 말이다. 와인을 만들고 싶어 하는 사람의 니즈와 자연이 조화를 이루는 곳, 다양한 작물이 자라는 다종 재배 농장이 있어 생물의 다양성이 공존하는 그런 곳으로 만들고 싶다는 목표를 갖고 시칠리아로 돌아왔다.

아리안나는 비토리아의 버려진 농지를 사들여 와이너리를 키워갔다. 처음엔 1헥타르를 임차해 시작했는데, 점차 주인 없는 땅을 인수해 현재는 28헥타르의 포도밭과 50헥타르의 농지를 소유하고 있다. 그녀는 필자가 방문한 봉볼리에리 포도원에서 30킬로미터 이내에 위치가 각기 다른 농지를 관리한다. 최근에는 이블레이산맥에 위치한 버려진 포도밭을 매입했는데, 그곳에서 바라보는 바다는 너무 아름다워 숨이 멎을 정도란다. 도시화를 지향하게 되면서 수많은 농지가 버려진 채 방치되어 있다. 비토리아에는 유독 휴경 상태의 농장이 많다.

"버려진 농장을 보면 가슴이 아파요. 제가 어떻게 해야겠다는 생각밖에 안 들죠." 그녀가 말한다. "그래서 이제 포도 외에도 툼미니아 tumminia 라는 고대에 재배하던 밀과 올리브, 오렌지, 배를 경작하고 있어요."

감각과 감정으로 와인을 만들다
아리안나는 여기저기 다닐 데가 많아 이동 중일 때도 와이너리 상황을 다 알고 있다. 모든 숙성 통 안의 발효 상태를 파악하고 있어 셀러에서 일하는 두 명의

직원에게 바로 지시를 내리고, 온도계를 보는 대신 스테인리스스틸 탱크에 손을 대 온도를 파악하는 방법을 직원들에게 전수한다.

아리안나는 모든 걸 직접 다 하려는 자신의 성격을 고쳐야 한다고 말한다. 하지만 남을 믿고 일을 맡기는 게 아직은 어렵다. 그래도 자신이 모든 걸 컨트롤해야만 직성이 풀리는 성격을 바꿔보려 노력한다.

"제가 주장이 워낙 강하기 때문에 조율하는 게 어려울 때가 많아요. 에너지가 넘쳐서 의욕만 앞서고 마무리가 안 되는 경우도 종종 있고요. 거기에 자기비판적이기까지 한데, 제가 모든 걸 다 컨트롤하려 해요. 하지만 이제는 좀 내려놔야죠. 알고 있는데도 잘 안 되네요." 그녀가 무안해하며 웃는다.

아리안나의 언니는 포도 수확기가 되면 아리안나가 거의 잠도 안 자고 하루 종일 와이너리에만 있는다고 걱정한다.

"수확할 때는 100% 집중해야 해요. 수확한 포도가 셀러에 도착하면 포도 곁을 떠나지 않죠. 열두 명이 포도를 따고 네 명이 분리 작업을 해요. 저는 발효 과정을 지켜봐야 해서 셀러에 남죠."

저개입 방식으로 와인을 만들 때는 컨트롤이 생명이다. 가끔은 발효가 아예 시작조차 되지 않는 경우가 있는데, 셀러 안의 온도가 너무 낮아서일 수도 있고 그저 효모가 발효하는 데 시간이 더 필요해서일 수도 있다.

커다란 플라스틱 통에서 기포가 생기며 한창 발효 중인 네로 다볼라 Nero d'Avola 품종을 보던 아리안나의 얼굴이 환하게 핀다. 발효가 전혀 안 된 어제에 비해 어떤 변화가 있었는지 묻자 아리안나가 대답한다.

"저기 전기가 흐르는 곳에 너무 가까이 있었어요." 그녀는 시멘트 탱크의 온도를 표시하는 계기판을 가리킨다. "어제 탱크 위치를 옮겼어요. 보고, 듣고, 관찰하고, 느끼는 게 중요하죠. 감각과 감정을 총동원해 와인을 만드는 게 가장 핵심적인 부분이에요. 저는 다른 방법을 사용하지 않아요. 올해는 좀 오래 걸리는 분위기지만, 제가 키운 포도가 완벽하게 발효될 거라 믿어요."

청결의 중요성

와이너리 안은 반짝일 정도로 깨끗하고 발효 중인 포도 냄새로 가득하다. 효모와 과즙이 있는, 신선하고 아직 덜 완성된 와인 냄새다. 아리안나는 몇 번 손을 씻더니 싱크 뒤 벽을 닦는다.

"이래서 아리안나의 와인은 늘 맑고 깨끗해요." 팀원인 잔 마르코 이안넬로 Gian Marco Iannello가 말한다. "아리안나의 깔끔한 성격을 닮았죠."

아리안나가 포도 껍질을 손으로 조심스럽게 압착한다. 부드럽게 추출하는 이 방식은 아리안나가 선호하는 가벼운 와인을 만드는 데 사용된다. 그녀의 와인은 풀 보디감이 느껴지거나 묵직하지 않다. 아리안나는 이렇게 소량의 포도를 손으로 작업하면서 원하는 와인을 완성한다.

"전에는 손으로 즙을 많이 추출했어요. 하지만 지금은 경험이 많기 때문에 즙은 필요한 만큼만 짜내고 포도가 할 일을 하도록 내버려두죠. 또 와인을 처음 만들었을 때는 피에몬테 지역의 바롤로 와인처럼 만들고 싶었지만 이제는 이 지역 고유의 품종이 낼 수 있는 맛을 보여주는 것을 더 중요시해요. 다른 지역의 와인을 따라 하는 게 아니라 우리만 할 수 있는 것에 집중하기로 했죠."

지역 토착 품종인 네로 다볼라와 프라파토 품종을 사용하면서 아리안나는 우아하고 신선하며 플로럴함과 미네랄이 느껴지는, 살아 있는 산미의 도수 낮

은 와인을 선보인다. 시칠리아처럼 따뜻한 지역에서 만드는 와인은 알코올 도수가 높은 편인데, 아리안나는 12~13% 정도로 도수를 맞춘다.

"이 지역 특유의 석회암 토양 때문에 포도 당도는 항상 낮은 편이에요." 아리안나가 설명한다.

와인 생산자는 1년에 한 번만 와인을 만들 수 있기 때문에 일생에 많은 빈티지를 경험하고 싶어도 제한적일 수밖에 없다. 아리안나처럼 20대에 와인을 만들기 시작한다면 40~50개의 빈티지를 선보일 수 있을 것이다.

"생산자로서 첫해는 바닥부터 시작하는 것이나 마찬가지예요. 다른 와이너리에서 아무리 경험을 쌓았다 해도 자기 와이너리를 운영한다는 것은 차원이 다른 얘기거든요. 다른 내추럴 와인메이커들과 일한 경험이 있다면 그나마 불안감이 덜할 수 있죠. 그래도 첫 빈티지는 처음부터 다시 시작하는 기분일 거예요."

유일한 재배법

아리안나는 버려진 농지 중에서 봉볼리에리 포도원을 매입했다. 덕분에 이곳을 처음부터 직접 설계할 수 있었는데, 시멘트와 적색 풍화 스틸^{red weathering steel} 탱크가 공존하는 모던한 분위기의 와이너리로 완성했다. 그녀는 건축가 집안 출신이다. 삼촌 주스토는 인근 COS 와이너리에서 와인을 만들지만, 그의 전공은 건축이다. 그녀의 언니도 건축가이면서 근처에서 베드 앤드 브렉퍼스트^{B&B}식 리조트 호텔을 운영한다.

아리안나는 현재의 오키핀티 와이너리를 키우는 데 6년의 시간을 보냈다. 그녀가 시간과 에너지를 얼마나 쏟아부었을지 짐작이 가고도 남는다. 늘 시간과 싸워야 하는 탓에 아리안나는 한때 바이오다이내믹에서 유기농으로 재배법을 바꿨다. 유기농법에 들이는 시간이 바이오다이내믹보다 적다는 한 가지 이유 때문이었다. 이제는 와이너리가 어느 정도 자리를 잡아 시간적 여유를 되찾아 다시 바이오다이내믹 농법으로 재배 중이다.

"재배하는 방식에 다른 선택지는 없어요. 유기농이나 바이오다이내믹 농법이 포도를 기르고 와인을 만드는 유일한 방법이라 믿어요. 자연환경이나 토양, 공기와 미래를 모두 파괴하지 않는 방법이죠. 바이오다이내믹 농법을 택한 이유는 토양을 더 건강하게 만들기 위해서예요. 이 지역의 흙은 대부분 석회암 위에 쌓인 모래예요. 그런데 모래는 영양분이 턱없이 부족하기 때문에 바이오다이내믹 농법을 통해 땅의 생명력을 길러야만 했죠."

아리안나가 매입한 몇몇 땅은 수년간 컨벤셔널 방식으로 포도 농사를 지었기 때문에 흙 상태가 최악이었다. 바이오다이내믹 농법을 통해 땅에 생명력을

다시 불어넣는 작업은 많은 시간을 필요로 했다. 지력을 향상시키는 핵심 요소는 퇴비였다. 아리안나의 밭에 쌓인 퇴비 더미는 보라색이다. 압착하고 남은 프라파토와 네로 다볼라 포도 껍질을 사용해 만든 것으로, 방금 양조한 와인 냄새가 날 정도로 신선하다.

아리안나는 땅의 균형을 맞추기 위해 할 수 있는 모든 것을 한다. 피복작물로 다양한 콩과 겨자를 심는데, 이 작물들을 베어낸 뒤 땅에 그대로 두어 녹비 green manure 로 사용한다. 그러면 자연스레 땅에 영양분이 스며들어 지력이 높아진다. 흙을 건드리지 않고 건강하게 유지하는 최적의 방법이다.

"포도를 수확하고 나면 땅의 영양분이 많이 빠져 있어요. 그래서 다시 공급해 줘야 하는데, 그렇다고 너무 과하게 해선 안 돼요. 모든 것은 균형이 필요하니까요." 아리안나가 설명한다.

1년에 비가 350밀리리터밖에 오지 않는 비토리아의 매우 건조한 기후에서도 아리안나는 건지 農法 dry-farm 을 선택했다. 이는 건지 농법으로 재배해야 포도가 자란 테루아가 느껴지는 높은 퀄리티의 와인을 만들 수 있기 때문이다.

"새로운 포도밭에만 처음 2년간 관개수를 대줘요. 석회암 토양의 특성 때문에 어린 식물의 뿌리가 땅을 뚫고 지하수에까지 닿는 게 쉽지 않거든요. 첫 15년 동안 새 밭에 물을 안 줬다가 너무 많은 포도나무를 잃었어요."

두통이 생기지 않는 와인

아리안나가 유기농과 바이오다이내믹 농법을 고집하고 내추럴 방식으로 와인을 만드는 데는 여러 가지 이유가 있다.

"포도는 유기농이나 바이오다이내믹 농법으로 재배해야 훨씬 질이 좋아요. 아무것도 넣지 않고, 아무것도 제거하지 않는 내추럴 방식으로 와인을 만들려면 포도 자체의 품질이 가장 중요하죠. 그리고 내추럴 와인이 건강에 훨씬 좋아요. 소화가 더 잘되는 데다 다음 날 두통 걱정 없이 즐겁게 마실 수 있죠. 와인을 마시면 인생을 즐길 수 있게 돼요."

내추럴 와인 생산자와 애호가들은 내추럴 와인이 컨벤셔널 와인보다 몸에 부담을 덜 준다고 생각한다. 이런 이유에서 최근 내추럴 와인 운동이 시작되기도 했다. 내추럴 와인은 원래 보졸레의 생산자들이 밤새 와인을 마시고도 다음 날 아침 거뜬하게 일어나 밭에 가서 일하기 위해 만들었다고 한다. 내추럴 와인이 몸에 부담을 덜 주는 이유는 살충제나 제초제 없이 키운 포도를 별도의 첨가물 없이, 넣더라도 병입 시 극소량의 이산화황만 넣어 만들기 때문이다. 이산화황으로부터 자유로운 이 맑은 결과물은 간이 알코올만 분해하도록 일을 덜어준다.

포도와 나누는 특별한 교감

내추럴 방식으로 일하는 것은 훨씬 더 간단하다고 아리안나는 설명한다. 문제를 해결하기 위해 인공적인 영양분이나 산 ^{acid}, 배양 효모 등을 사용할 필요가 없기 때문이다. 오히려 프라파토, 네로 다볼라 포도와 교감할 기회를 준다고 생각한다. 이 교감은 상호 간에 이뤄진다고 믿는다. 포도가 아리안나에게 많은 걸 가르쳐주고, 또 아리안나는 포도가 잘 자랄 수 있게 도와주니 말이다.

"저와 와인 사이에 끼어들 수 있는 건 아무것도 없어요." 아리안나가 100% 네로 다볼라로 만든 시카뇨^{Siccagno}를 마시며 말한다. 에너지가 넘치는 시카뇨를 한 입 머금자 입안에서 진동이 느껴질 정도다. "시간이 지나면서 포도와 와인을 이해하게 됐어요. 비인기 품종인 프라파토가 얼마나 우아하고 근엄할 수 있는지, 또 주로 마시기 편한 엔트리 레벨 와인을 만들 때만 사용하던 품종인데 결코 가볍지만은 않다는 걸 보여주고 싶었어요. 저는 참을성 있는 사람이 아닌데, 와인이 저에게 인내심을 기르도록 가르쳐주죠. 와인메이커와 와인 사이에는 이처럼 특별한 연결 고리가 있어요."

프라파토는 이 지역에서 특색 없고 저렴한 와인을 만들 때 사용하던 품종이다. 아리안나가 만든 프라파토 와인을 맛보면 제대로 대했을 때 다른 품종들과 동등한 위치에 선다는 걸 알 수 있다. 부르고뉴에 프르미에 크뤼와 그랑 크뤼가 있듯이, 아리안나는 비토리아의 토양과 포도가 지닌 존재감이 드러나는 와인을 만들고 싶어 한다.

"처음 와인을 만들었을 때는 이곳의 토양이 모두 빨간 사질토의 테라 로사였어요. 그런데 2013년쯤 제가 키운 프라파토 품종이 이전에 알던 진부한 프라파토가 아니라는 걸 깨닫고 토양이 포도 맛에 영향을 미친다는 걸 알게 됐죠. 석회암, 점토, 석회토, 사질토 등 토양에 따라 맛이 달라진다는 것을요."

그래서 아리안나는 2016년부터 프라파토 품종을 토양이 각기 다른 세 곳의 포도밭에서 키우기 시작했다. 비노 디 콘트라다 $^{Vino\ di\ Contrada}$라 불리는 퀴베로, 단일 품종을 토양이 다른 세 곳의 포도밭에서 동일한 방법으로 키웠다. 북동쪽을 바라보는 포사 디 루포$^{Fossa\ di\ Lupo}$에는 40센티미터 깊이의 석회암 위에 모래가 있는 토양에서 프라파토가 자라는데, 이곳에서 수확한 포도로는 산미가 살아 있는 근엄한 와인이 탄생한다. 백색 점토질 석회석 토양의 봉볼리에리에서 재배한 프라파토로는 산미가 높은 프루티한 와인이, 또 60년 넘은 포도나무가 있는 페티네오 ^{Pettineo}에서는 석회암 위에 심해 모래가 섞인 땅에서 포도가 자라 가벼운 타닌에 과즙미 넘치는 와인이 완성된다.

"비토리아 지역의 와인 산업은 아직 덜 발달되어 제가 만드는 방식을 자주 설명해야 해요." 아리안나가 자신의 '콘트라다 프로젝트'를 두고 하는 말이다.

이탈리아에서 내추럴 와인 알리기

아리안나는 열정과 감수성, 상식을 길잡이 삼아 신념 하나로 여기까지 왔다.

"맨 처음 와인을 만들 때와 같은 방식으로 일해요. 여전히 이 지역에서 만들 수 있는 최상의 와인을 양조하기 위해 온 힘을 다하고, 이곳 와인을 알리기 위해 노력하죠. 제 능력을 믿고, 또 제가 하는 일이 다른 사람에게 영향을 미칠 수 있음을 확인했어요. 저는 제 열정과 감정을 활용하는데, 그렇다고 저는 철학자가 아니라 농부일 뿐이에요. 상황에 맞게 해야죠."

아리안나는 자신의 노하우를 시칠리아뿐 아니라 이탈리아 전역에 전파하고 싶다. 그러기 위해 이탈리아에 있는 2개의 내추럴 와인 단체 '비테ViTe'와 '비니 베리ViniVeri'에서 적극적으로 활동 중이다. 비테는 아리안나가 라 스토파의 엘레나 판탈레오니와 트렌티노Trentino의 엘리사베타 포라도리를 비롯해 다른 와인 메이커들과 설립한 단체다. 비테는 내추럴 와인을 알리고 로-인터벤션 방식으로 일하는 이유와 방법을 공유할 뿐 아니라 다른 생산자들이 내추럴 방식으로 와인을 만들 수 있게 도와준다.

"비테는 배양 효모나 첨가물 없이 최소한의 개입만으로 와인을 만들 수 있을지 고민하는 내추럴 와인 생산자들을 돕고 지지해요. 분명 성공할 수 있는 방식인데 할 수 있을지 걱정하는 생산자들에게 도움을 주고 싶어요."

처음 도착했을 때 내리던 굵은 비는 그쳤지만 도로에는 물이 많이 고여 있다. 해가 저물면서 아리안나의 봉볼리에리 포도원이 은은한 빛으로 둘러싸인다. 아리안나는 수확의 끝을 기념하는 축배를 들기 위해 삼촌 주스토의 와이너리 COS로 이동한다. 주스토와 아리안나는 비토리아에 몇 안 되는 내추럴 와인 생산자로, 테이스팅도 같이 하는 등 서로에게 도움을 아끼지 않는다. 비토리아를 변화시키고 싶은 목표를 달성하기 위해서는 주스토와 같이 생각이 맞는 사람들과 함께해야 한다. 그리고 그 과정에서 즐기는 것을 잊지 말아야 한다.

누스베르크에 위치한 유타 암브로지치의 로젠가르틀에서 재배한 리슬링 포도.

전 세계 여성
내추럴 와인 생산자

전 세계에 분포되어 있는 여성 내추럴 와인 생산자와 와이너리 리스트를
소개한다. 한 번쯤 마셔보면 좋을 와인을 만드는 와이너리들이다.

그리스
마케도니아 Macedonia
차트지바리티스 에스테이트 Chatzivaritis Estate
  (클로이 차트지바리티 Chloi Chatzivaryti)

크레타 Crete
일리아나 말리힌 와인즈 Iliana Malihin Wines
  (일리아나 말리힌 Iliana Malihin)

독일
나에 Nahe
피리 나투렐 Piri Naturel
  (크리스틴 피로트 Christine Pieroth)

모젤 Mosel
마테르네 & 슈미트 Materne & Schmitt
  (레베카 마테르네 & 야니나 슈미트 Rebecca
  Materne & Janina Schmitt)
섀도포크 빈야즈 Shadowfolk Vineyards
  (페트라 쿠얀페에 Petra Kujanpää)
카틀라 Katla (야스 스반 Jas Swan)

미국
버몬트 Vermont
라 가라지스타 La Garagista
  (데이르드레 히킨 Deirdre Heekin)
라 몬타뉴엘라 La Montañuela
  (카밀라 카리요 Camila Carrillo)

캘리포니아 California
마사 스타우멘 Martha Stoumen
마진스 와인 Margins Wine
  (메건 벨 Megan Bell)
어 트리뷰트 투 그레이스 A Tribute to Grace
  (앤절라 오즈번 Angela Osborne)
카민스 투 드림즈 Camins 2 Dreams
  (타라 고메즈 & 미레이아 타리보 Tara Gomez &
  Mireia Taribó)

스페인
비에르소 Bierzo
베로니카 오르테가 Veronica Ortega

팔마 Palma
보데가 마티아스 이 토레스 Bodega Matías I
Torres (빅토리아 토레스 Victoria Torres)

페네데스 Penedès
엘스 헬리핀스 Els Jelipins
(글로리아 가리가와 딸 베르타 Glòria Garriga &
  her daughter Berta)

오스트리아
부르겐란트 Burgenland
레너시스타스 Rennersistas (슈테파니 & 주자네
  레너 Stefanie & Susanne Renner)
비르기트 브라운슈타인 Birgit Braunstein
유디트 베크 Judith Beck

빈 Wien
유타 암브로지치 Jutta Ambrositsch

이탈리아
라치오 Lazio
가체타 Gazzetta (트리시 넬슨 Trish Nelson)
마리아 에르네스타 베루치 Maria Ernesta Berucci

시칠리아 Sicilia
아리안나 오키핀티 Arianna Occhipinti
파토리에 로메오 델 카스텔로 Fattorie Romeo
  del Castello (키아라 비고 Chiara Vigo)

아브루초 Abruzzo
비니 라바스코 Vini Rabasco
(이올레 라바스코 Iole Rabasco)

에밀리아로마냐 Emilia-Romagna
라 스토파 La Stoppa
(엘레나 판탈레오니 Elena Pantaleoni)

토스카나 Toscana
라 본치에 La Boncie
(조반나 모르간티 Giovanna Morganti)
스텔라 디 캄팔토 Stella di Campalto
폰테렌차 Fonterenza
(프란체스카 & 마르게리타 파도바니
  Francesca & Margherita Padovani)

트렌티노 Trentino
아그리콜라 포라도리 Agricola Foradori
(엘리사베타 포라도리 & 3명의 자녀
  Elisabetta Foradori & 3 children)

피에몬테 Piemonte
리날디 Rinaldi (마르타 & 카를로타 리날 Marta &
  Carlotta Rinaldi)
카시나 타빈 Cascina Tavijn
(나디아 베루아 Nadia Verrua)
카스텔로 콘티 Castello Conti
(엘레나, 안나 & 파올라 콘티 Elena, Anna &
  Paola Conti)
필리네 이사벨레 Philine Isabelle

조지아
이메레티 Imereti
프레야스 마라니 Freya's Marani
(에네크 피터슨 Enek Peterson)

카르틀리 Kartli
마리암 이오세비드제 Mariam Iosebidze

카헤티 Kakheti
고고 와인 GoGo Wine
(케테반 베리슈빌리 Ketevan Berishvili)
코르타베비스 마라니 Kortavebis Marani
(타무나 비드지나슈빌리 Tamuna Bidzinashvili)

포르투갈
바이라다 Bairrada
주앙 파투 (일명 더크맨) João Pato, a.k.a. Duckman
(마리아 파토 Maria Pato)
필리파 파토 Filipa Pato

프랑스

랑그도크 Languedoc
도멘 드 세벤 Domaine de Cébène
　(브리지트 슈발리에 Brigitte Chevalier)
르 프티 도멘 드 지미오 Le Petit Domaine de
　Gimios (안마리 라베스 Anne-Marie Lavaysse)

루시용 Roussillon
도멘 요요 Domaine Yoyo (로랑스 마니아 크리프
　Laurence Manya Krief)
레 아라베스크 Les Arabesques (사스키아 반 데
　르 호르스트 Saskia van der Horst)
크로마 소마 Chroma Soma
　(캐리 섬너 Carrie Sumner)

루아르 Loire
노엘라 모랑탱 Noëlla Morantin
도멘 오 무안 Domaine aux Moines (테사 & 모니
　크 라로슈 Tessa & Monique Laroche)
마리 티보 Marie Thibault
실비 오쥬로 Sylvie Augereau

론 Rhône
로라 애요 Laura Aillaud

보졸레 Beaujolais
도멘 안-소피 뒤부아 Domaine Anne-Sophie
　Dubois
줄리 발라니 Julie Balagny

보르도 Bordeaux
샤토 팔파 Château Falfas
　(베로니크 코슈랑 Véronique Cochran)

부르고뉴 Bourgogne
도멘 데 포베트 Domaine des Fauvettes
　(마리즈 샤틀랭 Maryse Chatelin)
라파엘 기요 Raphaëlle Guyot
샤토 드 베뤼 Château de Béru
　(아테나이스 드 베뤼 Athénaïs de Béru)
파니 샤브르 Fanny Sabre

알자스 Alsace
카트린 히스 Catherine Riss

오베르뉴 Auvergne
미토 이노우에 Mito Inoue

쥐라 Jura
도멘 드 라 루 Domaine de la Loue
　(카트린 아눙 Catherine Hannoun)
도멘 드 록타방 Domaine de l'Octavin
　(알리스 부보 Alice Bouvot)
레 그랑주 파크네스 Les Granges Pâquenesses
　(로렐린 라보르드 Loreline Laborde)
모르간 튀를리에 Morgane Turlier

샹파뉴 Champagne
마리 쿠르탱 Marie Courtin
　(도미니크 모로 Dominique Moreau)
발 프리종 Val Frison
프랑수아즈 베델 Françoise Bedel

호주

애들레이드 힐스 Adelaide Hills
페르세포네 와인즈 Persephone Wines
　(레이철 시그너 Rachel Signer)

라 스토파의 비노 델 볼타(Vino del Volta) 스위트 와인을 만들기 위해 햇빛에 말린 포도를 압착하고 있다.

아리안나 오키핀티의 삼촌이 비토리아에서 운영하는 와이너리 COS.

용어 해설

2차 발효 refermentation – 병입 시 당이 남아 있을 경우 병 속에서 와인이 한 번 더 발효되는 과정.

글루글루 glouglou – 마시기 편하고 꿀꺽꿀꺽 넘어가는 레드 와인.

리덕션 reduction **, 리덕티브** reductive – 성냥을 긁은 후의 냄새가 나거나, 더 심할 경우 상한 달걀 냄새가 나는 것.

마세라시옹 macération – 포도 껍질을 제거하지 않고 양조하는 방식으로 와인에 색이나 맛, 타닌을 더하기 위해 사용한다.

마우지니스 mousiness – 불쾌하고 드라이한, 흡사 쥐나 햄스터 집에서 나는 것 같은 맛이 난다. 냄새로는 알 수 없으며 맛을 봤을 때만 느껴진다.

맬로랙틱 발효 malolactic fermentation – '맬로'라고도 하며, 쌉쌀한 말산이 부드러운 젖산으로 변화하는 과정이다. 알코올 발효 중이나 발효가 끝난 뒤 자연스럽게 생기며, 이는 양조장의 온도가 너무 낮지 않거나 와인메이커가 이산화황을 첨가하지 않을 때 발생한다.

머스트 must – 발효되지 않은 포도즙.

바이오다이내믹 biodynamic – 1924년 루돌프 슈타이너가 개발한 유기농 농작법으로 토양을 건강한 상태로 만드는 데 초점을 둔다.

바이오다이내믹 프레파라트 biodynamic preparation – 토양과 작물의 상태를 개선하기 위해 아홉 가지 자연 퇴비 '프레파라트 präparat(영어로 preparation)'를 사용하며, 명칭에 500번에서 508번까지의 숫자가 부여된다. 이 번호는 제2차 세계대전 중 나치 정권이 독일과 오스트리아에서 프레파라트를 금지하면서 암호처럼 사용되었다. 소두엄인 500번 프레파라트 Preparation 500는 쇠뿔 안에 소두엄을 넣어 겨우내 땅속에 묻어두는 방법이다. 봄이 되면 소두엄을 물과 섞어 땅에 뿌리는데, 이는 토양과 부식질 수치를 개선해 준다. 혼-실리카 horn-silica인 501번 프레파라트는 쇠뿔에 석영 가루를 넣은 뒤 여름 내내 땅속에 묻어놓는다. 그런 뒤 물과 희석해 식물 잎에 뿌려 성장을 도와주고 열매의 품질을 높여준다. 502~507번 프레파라트는 퇴비의 미생물을 활성화하는 데 사용한다. 서양톱풀, 캐머마일, 쐐기풀, 오크나무 껍질, 민들레와 서양쥐오줌풀 같은 식물을 더하면 효모처럼 작용해 건강하고 균형 잡힌 퇴비로 바뀐다. 508번 프레파라트는 발효된 말 꼬리를 차 tea와 같은 방식으로 만들며, 포도밭에 뿌려 곰팡이로 인한 피해를 막거나 지력을 높이는 목적으로 사용한다.

뱅 드 수아프 vin de soif – 목마를 때 가볍게 마실 수 있는 와인. 글루글루 참고.

뱅 드 프랑스 Vin de France – 나라명 외에는 특정 지역의 원산지가 증명되지 않은 프랑스 와인. 원래 평범한 와인을 일컫는 명칭이었는데, 많은 내추럴 와인메이커들이 자신이 와인을 만드는 지역의 품질 등급 시음위원회에서 거절당하자 자발적으로 뱅 드 프랑스라는 명칭을 사용하기도 했다.

뱅 메토드 나튀르 Vin Méthode Nature – 2020년에 설립한 첫 프랑스 내추럴 와인 인증 제도. 유기농 인증 포도밭에서 재배한 포도를 손으로 수확하고, 병입 시 극소량(최대 30mg/L)의 이산화황을 제외한 별도의 첨가물이 없어야 하며, 필터링이나 정제, 역삼투압, 고온 처리 등 와인을 거칠게 다루는 기법을 배제하고 만든 와인을 내추럴 와인으로 인정한다.

부알 voile – 숙성 통을 가득 채우지 않았을 때 공기와 접촉해 와인 표면에 생기는 얇은 효모 막. 뱅존은 물론 산화 뉘앙스의 수 부알 쥐라 와인을 만드는 핵심 기법이다.

브레타노미세스 brettanomyces - 포토밭에 존재하는 효모균으로, 줄여서 '브렛'이라고도 한다. 포도와 양조장에 자연스럽게 서식한다. 브렛 냄새는 마구간이나 반창고 혹은 땀에 젖은 말과도 같다. 어떤 이는 브렛이 와인 맛을 지배하고 있다고 느껴지면 부정적으로 여기는 반면, 또 어떤 이들은 브렛이 와인에 복합적인 맛을 가미한다고 긍정적으로 본다.

산화 oxidation - 와인이 산소와 접촉하면 갈색으로 변하고 신선한 과일 맛을 잃을 수 있다. 대신 고소한 견과류 맛이 나기 시작한다. 숙성 중인 와인을 산소에 노출시키는 것은 뱅존이나 여러 종류의 셰리를 만드는 데 필요한 중요한 과정이다.

아펠라시옹 appellation - 특정 지역의 와인으로 사용해야 하는 포도 품종과 숙성 기간 등 그 지역에서 규정하는 대로 와인을 만들어 시음위원회가 맛을 보고 통과시킬 경우 등급이 주어진다. 프랑스에서는 이를 AOC, AOP라 부르며 이탈리아에서는 DOC, DOCG 등급으로 구분한다.

앙금 lees - 발효 과정에서 생기는 죽은 효모 세포로, 숙성 통이나 병 바닥에 가라앉는다.

양조 전문가 oenologist - 양조학을 전공하거나 오랜 기간 양조를 해온 전문가.

에스카 esca - 곰팡이로 인해 나무통에 생기는 병. 치료 방법이 없어 결국 포도나무가 폐사하게 된다.

오렌지 와인 orange wine - 포도를 껍질째 침용한 화이트 와인. 화이트 품종 포도의 껍질을 포도 알맹이와 함께 일정 기간 침용 상태로 둔다. 짧게는 며칠이나 몇 주, 길게는 몇 달 동안 침용해 와인에 색과 맛, 타닌을 배가한다.

와인메이커 vigneron - 와인 생산자.

유기농 organic - 살충제, 제초제, 화학비료나 GMO를 일체 사용하지 않는 농법. 유기농 재배에 퇴비는 중요한 역할을 한다.

이산화황 sulphur, **아황산염** sulphites, **So2** - 와인을 만드는 과정 중 첨가할 수 있는 항균성, 산화 방지제 물질이지만 대다수 내추럴 와인메이커는 사용하지 않는다. 발효 과정에서 소량의 이산화황이 자연적으로 생성된다.

재생 농법 regenerative farming - 한마디로 정의하긴 어렵지만 기본적으로 생태계를 개선하기 위한 유기농 재배 방식을 일컫는다. 기후변화에 대응하기 위해 토양을 입단화 粒團化하지 않는 것을 중요하게 여기는데, 이는 땅속에 탄소가 머무르게 하기 위함이다.

제로/제로 zero/zero - '아무것도 첨가하지 않고 아무것도 제거하지 않는 것'을 의미하는 내추럴 와인 용어. 와인을 양조하는 과정에서 극소량의 이산화황조차 넣지 않는 데다 정제, 필터링, 냉각 안정화를 일체 하지 않았음을 뜻한다.

추출 extraction - 와인의 색이나 맛, 타닌을 끌어올리는 과정. 포도알이나 즙 상태일 때, 혹은 완성된 와인에 적용하는 방법으로 하루에도 여러 번 포도 껍질을 펀치 다운한 뒤 포도 껍질 위에 지속적으로 포도즙을 펌핑해 부으면서 추출 작업을 한다. 아주 적은 양만 추출하는 경우도 있는데, 포도송이를 통째 두어 펀치 다운이나 펌핑 오버를 아예 하지 않을 때다('whole bunch, whole berry fermentation' 참고). 부드러운 방식으로 추출하려는 와인메이커들은 손으로 직접 펀치 다운한다.

펫낫 pét-nat - 페티영 나튀렐 pétillant naturel 의 준말로 전통적인 스파클링 와인 제조 방식이다. 양조장에 있는 야생 효모만 사용해 기포를 만들어낸다. 거의 발효되어가지만 아직 완성되지 않은 상태로 병입하면 당이 알코올로 변하는 과정에서 생긴 이산화탄소가 병 속에 갇히게 된다. 이렇게 갇힌 상태에서 작은 기포가 생기기 시작한다. 펫낫은 병 속에서 진행되는 과정에 따라 기포가 많을 수도, 상대적으로 적거나 아예 없을 수도 있다. 그 결과 당이 남아 있는 펫낫을 맛보게 될 수도 있다. 침전물은 병 속에 그대로 두기도 하고 없애기도 한다.

푸드르 foudre - 몇천 리터의 와인을 보관할 수 있는 대용량 나무 숙성 통.

포도송이째 발효 whole bunch, whole berry fermentation – 레드 품종 포도 알을 송이에서 하나하나 분리하지 않고 송이째 숙성 통에 넣어 발효하는 방식. 포도의 무게가 밑에 있는 포도를 눌러 알코올 발효가 정상적으로 시작되게끔 한다. 숙성 통에 넣은 포도 알은 안에서 발효되어 우아하면서도 풍부한 아로마와 신선한 느낌의 과즙을 선사한다.

휘발성 산 volatile acidity – 식초나 아세톤 냄새가 나는 것. 와인에 복합미를 더하되 휘발성 산이 과할 경우에는 와인에 문제가 있다고 여긴다. 발효를 너무 오래 할 경우 휘발성 산의 농도가 높아질 수 있다.

흰곰팡이 mildew, **흰가룻병** powdery mildew – 흰곰팡이는 습한 날씨에 포도나무에 생기는 병이다. 유기농과 바이오다이내믹 농법에서는 이를 없애기 위해 구리와 일명 보르도액 Bordeaux-mixture 이라고 부르는 라임을 사용한다. 반면 흰가룻병은 따뜻하고 해가 들어오지 않는 환경에서 발병하며, 이를 해결하기 위해서는 전통적으로 황을 사용한다.

AOC Appellation d'Origine Contrôlée, **AOP** Appellation d'Origine Protegée – 프랑스 원산지 통제 명칭으로, 특정 지역의 와인임을 증명해 주며 까다로운 규정을 내세워 품질을 보증한다.

DOC Denominazione di Origine Controllata, **DOCG** Denominazione di Origine Controllata e Garantita – 이탈리아 원산지 통제 명칭으로, 특정 지역의 와인임을 증명해 주며 까다로운 규정을 내세워 품질을 보증한다.

IGT Indicazione Geografica Tipica – 이탈리아의 지리적 표시 보호 인증으로, DOC나 DOCG보다는 규정이 덜 엄격하다.

참고 문헌

사이먼 J. 울프 Simon J. Woolf 『앰버 레볼루션: 오렌지 와인에 관한 가장 완벽한 안내서(*Amber Revolution. How the World Learned to Love Orange Wine*)』 (2018), 한스미디어

이자벨 르주롱 Isabelle Legeron 『내추럴 와인(*Natural Wine: An Introduction to Organic and Biodynamic Wines Made Naturally*)』 (2017), 한스미디어

Broomé, Emil and Arvidson, Emil. 2014. *Naturligt vin.* [Natural Wine.] Stockholm: Natur & Kultur.

Danielsen, Solfinn. 2017. *Naturvin.* [Natural Wine.] Copenhagen: Muusmann.

Elofsson, Pontus. 2012. *På Noma får man vin med klumper i.* [At Noma you get wine with lumps in it.] Copenhagen: Lindhardt og Ringhof.

Feiring, Alice. 2019. *Natural Wine for the People: What it is, Where to Find it, How to Love it.* New York: Ten Speed Press.

Feiring, Alice. 2016. *For the Love of Wine: My Odyssey Through the World's Most Ancient Wine Culture.* Potomac Books, Inc.

Feiring, Alice. 2011. *Naked Wine: Letting Grapes do What Comes Naturally.* Cambridge: Da Capo Press.

Gilbert, Lucia Albino and John C. Gilbert. 2020. *Winemakers: Personal Odysseys.* Eugene, Oregon: Luminare Press.

Goode, Jamie. 2018. *Flawless: Understanding Faults in Wine.* Berkeley: University of California Press.

Lorch, Wink. 2014. *Jura Wine: With Local Food and Travel Tips.* Wine Travel Media.

Matasar, Ann. 2006. *Women of Wine: The Rise of Women in the Global Wine Industry.* Berkeley: University of California Press.

Moskin, Julia. 2020. "The Wine World's Most Elite Circle Has a Sexual Harassment Problem", *New York Times,* 29 October.

Nilsson, Mats-Eric. 2020. *Nyfiken på naturvin.* [Curious about natural wine.] Stockholm: Ordfront förlag.

Nilsson, Mats-Eric. 2018. *Château vadå: Det okända fusket med ditt vin.* [Château What? How winemakers meddle with your wine.] Stockholm: Ordfront förlag.

Robinson, Jancis. 2020. "Women and wine: a tipping point", *FT Magazine,* 14 November.

Robinson, Jancis. 2019. "Carbon footprints, wine and the consumer", *Purple Pages,* 12 December. https://www.jancisrobinson.com/articles/carbon-footprints-wine-and-consumer.

저자

카밀라 예르데는 내추럴 와인을 열정적으로 좋아하는 사람이다. 2008년 아리안나 오키핀티의 일 프라파토를 처음 마신 이후 생산자들을 방문하고, 페어에 참여하고, 강의를 들으면서 다양한 방법으로 내추럴 와인의 세계를 탐험했다. 몇 년에 걸쳐 WSET 자격증을 취득하고 와인 관련 학위도 땄다. 그러나 그녀가 가장 중요하게 여기는 것은 자신이 즐기는 와인을 만드는 사람과 그들의 열정이다. 정치학 박사인 카밀라는 대중적이지 않은 내추럴 와인 생산자들을 탐구하는 것을 즐거워한다. <와인에 쓸데없는 건 넣고 싶지 않아요>는 그런 그녀의 첫 책이다.

포토그래퍼

세실리아 망누손의 사진은 수많은 궁금증에서 출발한다. 아름다우면서 사실적인 사진을 찍고자 하는 열정이 큰 그녀는 놓치기 쉬운 순간까지 포착하려 노력한다. 2015년부터 풀타임 포토그래퍼로 활동해 왔으며, 카메라를 의식하지 않고 자연스럽게 행동할 수 있도록 편안하게 해줄 뿐 아니라 매 순간을 놓치지 않고 사진에 담는다. 아티장을 만나는 것과 여행을 좋아해 접이식 자전거와 카메라만 들고 유럽을 도는 이번 여정에 기쁜 마음으로 동참했다.

옮긴이

신혜원은 이화여자대학교 영어영문학과를 졸업한 후 미국 라이선스 매거진 <인스타일 코리아 InStyle Korea>에서 패션 에디터로 일했다. 그 후 삼성물산 패션 부문에서 10년 넘게 패션 브랜드 마케터로 일하던 중 자신의 신념과 맞는 내추럴 와인을 접하고 깊이 파고들기 시작했다. 책과 내추럴 와인에 대한 애정으로 <와인에 쓸데없는 건 넣고 싶지 않아요>를 번역했다.

와인에 쓸데없는 건 넣고 싶지 않아요
1판 1쇄 인쇄 | 2022년 5월 3일
1판 1쇄 발행 | 2022년 5월 3일

지은이 카밀라 예르데
사진 세실리아 망누손
옮긴이 신혜원
원서 디자인 Klahr
번역본 디자인 Studio KIO
일러스트 로라 레스 메일방

펴낸이 신혜원
펴낸곳 엔프레스
출판등록 2022. 1. 11(제2022-000007호)

이메일 contact.npress@gmail.com

인스타그램 @npress.seoul

ISBN 979-11-977748-0-5 03590

ALSACE

Catherine Hannoun ✕

Arbois ✕ JURA

Alice Bouvot ✕

FRANCE

RHÔNE

LANGUEDOC